रज़ा
पुस्तक माला

उत्तर की यात्राएँ

जापानी कवि बाशो का यात्रा-वृत्त

रज़ा फ़ाउण्डेशन | THE RAZA FOUNDATION

उत्तर की यात्राएँ

'हाइकू' के पुनर्संस्कर्ता
जापानी कवि मात्सुओ बाशो का यात्रा-वृत्त

अँग्रेज़ी से अनुवाद
सुरेश सलिल

राजकमल प्रकाशन

रज़ा पुस्तक माला : यात्रा-वृत्त
प्रधान सम्पादक : अशोक वाजपेयी | सम्पादक : पीयूष दईया
राजकमल प्रकाशन प्रा.लि. और रज़ा फ़ाउण्डेशन का सह-प्रकाशन

ISBN : 978-93-88183-89-5

मूल्य : ₹395

पहला संस्करण : 2018

प्रकाशक : राजकमल प्रकाशन प्रा. लि.
1-बी, नेताजी सुभाष मार्ग, दरियागंज
नई दिल्ली-110 002

शाखाएँ : अशोक राजपथ, साइंस कॉलेज के सामने, पटना-800 006
पहली मंजिल, दरबारी बिल्डिंग, महात्मा गांधी मार्ग, इलाहाबाद-211 001
36 ए, शेक्सपियर सरणी, कोलकाता-700 017

वेबसाइट : www.rajkamalprakashan.com
ई-मेल : info@rajkamalprakashan.com

मुद्रक : यश प्रिंटोग्राफिक्स
नोएडा-201301 (उत्तर प्रदेश)

UTTAR KI YATRAYEN
Journey of Matsuo Bashō, the great Japanese poet and non-passenger traveler of Haiku, a traveler
Translated by Suresh Salil

हिन्दी अनुवाद में बाशो के यह यात्रा-वृत्त
मैं अपनी दौहित्रियों—बकुल और साशा को तथा
पौत्र आत्मबोध को
बहुत बहुत प्यार और आशीष के साथ
समर्पित करता हूँ।

जापानी भाषा में बाशो के यात्रा–वृत्त का शीर्षक :
OKU-NO-HOSOMITHI

आमुख

कलाओं में भारतीय आधुनिकता के एक मूर्धन्य सैयद हैदर रज़ा एक अथक और अनोखे चित्रकार तो थे ही उनकी अन्य कलाओं में भी गहरी दिलचस्पी थी। विशेषतः कविता और विचार में। वे हिन्दी को अपनी मातृभाषा मानते थे और हालाँकि उनका फ्रेंच और अंग्रेज़ी का ज्ञान और उन पर अधिकार गहरा था, वे, फ्रांस में साठ वर्ष बिताने के बाद भी, हिन्दी में रमे रहे। यह आकस्मिक नहीं है कि अपने कला-जीवन के उत्तरार्द्ध में उनके सभी चित्रों के शीर्षक हिन्दी में होते थे। वे संसार के श्रेष्ठ चित्रकारों में, २०-२१वीं सदियों में, शायद अकेले हैं जिन्होंने अपने सौ से अधिक चित्रों में देवनागरी में संस्कृत, हिन्दी और उर्दू कविता में पंक्तियाँ अंकित कीं। बरसों तक मैं जब उनके साथ कुछ समय पेरिस में बिताने जाता था तो उनके इसरार पर अपने साथ नवप्रकाशित हिन्दी कविता की पुस्तकें ले जाता था : उनके पुस्तक-संग्रह में, जो अब दिल्ली स्थित रज़ा अभिलेखागार का एक हिस्सा है, हिन्दी कविता का एक बड़ा संग्रह शामिल था।

रज़ा की एक चिन्ता यह भी थी कि हिन्दी में कई विषयों में अच्छी पुस्तकों की कमी है। विशेषतः कलाओं और विचार आदि को लेकर। वे चाहते थे कि हमें कुछ पहल करना चाहिये। २०१६ में साढ़े चौरानवे वर्ष की आयु में उनकी मृत्यु के बाद रज़ा फ़ाउण्डेशन ने उनकी इच्छा का सम्मान करते हुए हिन्दी में कुछ नये क़िस्म की पुस्तकें प्रकाशित करने की पहल *रज़ा पुस्तक माला* के रूप में की है, जिनमें कुछ अप्राप्य पूर्व प्रकाशित पुस्तकों का पुनर्प्रकाशन भी शामिल है। उनमें गाँधी, संस्कृति-

चिन्तन, संवाद, भारतीय भाषाओं से विशेषत: कला-चिन्तन के हिन्दी अनुवाद, कविता आदि की पुस्तकें शामिल की जा रही हैं। सभी पुस्तकों पर रज़ा साहब और उनके समकालीन मित्र चित्रकारों आदि की प्रतिकृतियाँ आवरणों पर होंगी।

जापानी महाकवि बाशो उन बिरले कवियों में से हैं जिनकी कविता का अनुवाद शायद संसार की हर छोटी-बड़ी भाषा में हुआ है। हाइकू नामक विधा का ज़िक्र आते ही प्राय: सभी रसिकों को जो पहला नाम याद आता है वह बाशो का है। बाशो जितने बड़े और अविराम कवि थे उतने ही अथक यात्री भी। उनका यह यात्रा-वृत्त अपने क़िस्म का अनोखा है। वरिष्ठ कवि सुरेश सलिल ने बहुत मनोयोग और कल्पनाशीलता से इसे अँग्रेज़ी से अनूदित किया है। उन्होंने बहुत जतन से यथास्थान सन्दर्भ के नोट्स भी दिये हैं जिनसे स्थानों, कवियों, राजवंशों आदि का पता भी होता चलता है। *रज़ा पुस्तक माला* में एक महाकवि का यात्रा-वृत्त बहुत अच्छे हिन्दी अनुवाद में प्रस्तुत करते हुए हमें प्रसन्नता है।

अशोक वाजपेयी

अगस्त, २०१८, नयी दिल्ली

यह यात्रा-वृत्त

सुरेश सलिल

यह यात्रा-वृत्त

जाड़े की पहली वर्षा,
निकल पड़ा मैं यात्रा-पथ पर—
मेरा नाम यात्री।

जापानी कविता के पुराण पुरुष और 'हाइकू' के उद्धारक 'बाशो' (१६४४-१६९६) का सबसे सटीक परिचय उनका उपर्युक्त हाइकू है। एक ओर यदि 'बाशो' और 'हाइकू' को परस्पर पर्यायवाची माना जाता है, तो दूसरी ओर 'बाशो' और पर्यटन को भी। वे अविराम यात्री थे। उनकी अन्तिम साँस यात्रा के मध्य ही टूटी। इन अर्थों में वे हमारे राहुल सांकृत्यायन और नागार्जुन के पूर्वज थे।

पेशे से कवि, आस्था से 'ज़ेन-बौद्ध' और जीवन-शैली में परिव्राजक-यात्री मात्सुओ बाशो की यायावरी बचपन में जन्म-ग्राम से बाहर निकलते शुरू हो गयी थी, किन्तु अपने जीवन के अन्तिम दस वर्ष तो उन्होंने उत्तर के दुर्गम पर्वतीय प्रान्तरों की यात्रा करते हुए ही गुज़ारे। उन यात्राओं में वे अपनी दैनिक ज़रूरत की वस्तुओं का थैला स्वयं ढोकर चलते थे और यात्राएँ प्राय: पैदल-पाँवों ही सम्पन्न होती थीं—नदी-सागरों की नौका द्वारा और स्थल मार्गों पर यदा-कदा टट्टू की सवारी। यात्रा के दौरान प्राय: उनका कोई कवि-शिष्य अथवा निपट सामान्य व्यक्ति साथ हो लेता था, जो पूरी यात्रा में साथ देने को प्रतिबद्ध नहीं होता। बीच में कहीं भी वह रुक जा सकता था। यात्रा के दौरान बाशो अपना टिकान किसी देवालय की पान्थशाला में, अथवा किसी पुराने मित्र के घर, अथवा निर्जन में

किसी किसान की झोपड़ी और समुद्रतटवर्ती मछुआरों के डेरों में करते। इस प्रकार उनके आतिथेय कवि, धर्म पुरोहित, छोटे व्यापारी, समुरायी, किसान और मछुआरे होते। कोई और विकल्प न होने पर वह चुंगी नाके के चौकीदार के ही यहाँ डेरा डाल देते।

बाशो की उत्तर की, कई हज़ार मील लम्बी दुर्गम यात्राओं का प्रारम्भ अगस्त १६८४ में और समापन १६९४ में हुआ। वे यात्राएँ इस पुस्तक के पाँच शीर्षकों (१. मौसम की मार झेलते एक अस्थिपंजर का लेखा : १६८४-८५; २. काशिमा देवस्थली की यात्रा : १६८७; ३. लेखा सफ़री झोले का : १६८८; ४. सराशिमा ग्रामांचल में; ५. गहन गूढ़ उत्तर का संकुल पथ : १६८९-१६९४) के अन्तर्गत अभिलिखित और संयोजित हैं। इन यात्राओं के उपरान्त, एकाध मास के अल्प विश्राम के बाद वे दक्षिणवर्ती यात्रा के लिए निकल पड़े। किन्तु दक्षिणावर्त में विचरने की उनकी इच्छा पूरी नहीं हो पायी और यात्रा के प्रथम चरण में ही १२ अक्तूबर, १६९४ को बाशो, अपनी इहलौकिक अन्तिम यात्रा को अधूरा छोड़कर, अनन्त की यात्रा पर निकल गये।

बाशो ने अपने यात्रा-वृत्त डायरी शैली में लिखे। ये डायरी यात्राओं के दौरान ही लगभग दैनिक आवर्तिता में लिखी गयीं और अन्त में उनका पुनर्संयोजन किया गया। इन यात्रा-वृत्तों की विशिष्टता यह है कि इनमें गद्यांशों के बीच-बीच कविताएँ भी पिरोई हुई हैं, जो सन्दर्भित प्रसंगों के अनुरूप हैं। कहीं-कहीं तो कई पृष्ठों तक, छोटी-छोटी टिप्पणियों के साथ, कविताएँ-ही-कविताएँ। इनमें से अधिकांश कविताएँ 'ऑन दि स्पॉट' रची हुई हैं। ये सभी कविताएँ बाशो की स्वरचित नहीं—सहयात्री शिष्य कवियों की भी, आतिथेय और देवालय-पुरोहितों की भी, तथा प्रसंगानुकूल याद हो आयी किसी पूर्ववर्ती जापानी या चीनी कवि की भी। यात्राओं के दौरान बाशो सुविधानुसार अपनी कविताएँ स्वयं भी लिपिबद्ध करते थे और बोल कर सहयात्री से भी लिखा लेते थे। दूसरों को बोल कर लिखाई गयी कविताओं के नीचे 'अमुक द्वारा लिखित' या 'अमुक द्वारा लिपिबद्ध' का उल्लेख यथानुरूप है। उल्लेखनीय यह भी है कि बाशो ने स्वयं अपने हाथों लिखी अपनी कविताओं के नीचे किसी का नाम नहीं दिया है। इस तरह, इन यात्रा-वृत्तों में बिना नामोल्लेख वाली सभी कविताएँ बाशो की स्वरचित हैं। अपवाद सिर्फ़ एक जगह है—काशिमा देवस्थली

वाले यात्रा–वृत्त में उन्होंने अपनी कविताएँ अपने पूर्व कवि–नाम 'तोसेई' के साथ दी हैं। इसका कारण स्पष्ट नहीं है।

बाशो जितने बड़े कवि हैं, उनका गद्यकार भी उससे घट कर नहीं है। जितनी सुस्पष्ट उनकी कविता है, उतना ही प्रभेदक उनका गद्य। वे अपने गद्य में प्रायः 'हाइबुन' शैली का व्यवहार करते थे। इस शैली में गद्य खण्डों के बीच प्रसंगानुकूल 'हाइकू' भी पिरोये रहते हैं। इसीलिए बाशो का गद्य मूर्त और बिम्बात्मक है। हाइबुन शैली के गद्यकारों ने अनेक चीनी चित्राक्षरों (आइडियोग्राम) का प्रयोग अपने गद्य में किया है। चीनी चित्राक्षरों का प्रभाव, स्वनिक याने फ़ोनेटिक स्वभाव वाली जापानी भाषा के विपरीत, अत्यन्त चाक्षुष होता है, जिससे संयुक्त होकर गद्य की लयात्मकता चित्रात्मक हो उठती है। यही कारण है कि बाशो का सर्वश्रेष्ठ–सुललित गद्य और उनके सर्वाधिक प्रभावशाली हाइकू उनके इन यात्रा–वृत्तों में ही आ जुटे हैं।

बाशो के यात्रा–वृत्त जापानी गद्य साहित्य में ऊँची हैसियत रखते हैं। उनका यह हिन्दी अनुवाद मूल के, नोबुयुकी युआसा द्वारा किये गये, अँग्रेज़ी अनुवाद पर आधारित है। युआसा सान के प्रति हार्दिक कृतज्ञता।

सुरेश सलिल

बाशो
स्वप्न-यात्रा से जीवन-यात्रा तक एक महाजीवन

सन् २००७ के नवम्बर महीने की आख़िरी तारीख़ों की बात है। तोक्यो-यात्रा से लौटा-लौटा ही था कि एक रात एक दिलचस्प सपना आया। सपना कुछ यूँ था कि रात का तीसरा पहर है और मैं अपनी ही एक पुरानी ग़ज़ल का मत्ला (पहला शेर)—'य' रात का तीसरा पहर है/मचलती सीने में इक् लहर है'—गुनगुनाता हुआ चला जा रहा हूँ। चलता चला जा रहा हूँ, बस। कितनी दूरी तय कर आया इसका होश नहीं है। और पौ फटने के क़रीब घने दरख़्तों और क़िसिम-क़िसिम की वनस्पतियों से घिरी एक कुटिया के पास पहुँच कर यक्-ब-यक् मेरे पाँव रुक जाते हैं। चारों तरफ़ नज़र दौड़ाता हूँ तो एक अजीब-सा ख़ूबसूरत समां भीतर तक एक ताज़गी भरी फुरफुरी का अहसास जगा जाता है। कुटिया के बाहर केले का एक झाड़ है, पीछे कुछ दूरी पर एक नदी मन्द-मन्द बह रही है, और बहुत दूर, क्षितिज पर, उषाकालीन अरुणिमा के साथ, आहिस्ता-आहिस्ता एक पहाड़ का अक़्स उभर रहा है।

तभी कुटिया का बन्द दरवाज़ा भीतर से खुलता है और कृशकाय एक बुज़ुर्गवार बौद्धयाजकों की-सी वेशभूषा में बाहर आते हैं। उनके चेहरे पर भोर की ताज़गी है और आँखों में एक ख़ास तरह की चमक। वे कुछ पल एकटक केले के गाछ को निहारते रहते हैं। उसके बड़े-बड़े, चौड़े-चौड़े पत्तों पर गहरी ओस की बूँदें, हरी ज़मीन पर—जैसे मरकती चादर पर टँके

मोती! बुजुर्गवार बच्चों की-सी उत्फुल्लता के साथ खिल उठते हैं—

> ग्रीष्म का चाँद
> ताली बजाता हुआ,
> मैं भोर का हरकारा!...

और बस्स्, उसी क्षण मेरी आँखें खुल जाती हैं, सपना टूट जाता है। बिस्तर पर लेटे-लेटे ही देर तक मैं सपनों की केमिस्ट्री की बाबत सोचता रहता हूँ।...

२००७ की तोक्यो-यात्रा की जब भूमिका बनी थी, तो प्रस्थान से पूर्व मन में तोक्यो-दर्शन की एक धुँधली-सी रूपरेखा थी कि वहाँ महान् फ़िल्मकार कुरोसावा का स्टुडियो देखूँगा, आकिको-दम्पति का वह ठिकाना देखूँगा, जहाँ १९वीं-२०वीं सदी के सन्धिकाल में, सदी के महान् जापानी कवि इशिकावा ताकुबोकु (१८८५-१९१२) ने अपनी काव्ययात्रा शुरू की थी और जहाँ चौबीस-चौबीस घण्टे लम्बे तांका-रचना के सामूहिक सत्र चला करते थे, हमारे समय के विख्यात जापानी कवि शुंतारो तानीगावा व शिराइशी काजुको से मिलना होगा, और... ! और सुमिदा नदी के किनारे का वह इतिहास स्थल देखूँगा जहाँ तोक्यो के इदो-काल में, 'हाइकू' का पुनर्संस्कर्ता महान् सन्त कवि मात्सुओ किन्साकु एक कुटी बनाकर रहा था और 'बाशो' कवि-नाम से अभिषिक्त हुआ था।...

किन्तु वह सब सम्भव नहीं हो पाया।

बहरहाल...तोक्यो-यात्रा का प्रसंग किनारे। अब चर्चा 'बाशो' की। सिर्फ़ 'बाशो' की।

'बाशो' के कुछेक हाइकू हिन्दी अनुवाद में अपने युवाकाल में पढ़े थे। तब न जापानी साहित्य के बारे में विशेष कुछ जानता था, न 'बाशो' के बारे में। यह भी नहीं कि 'बाशो' किसी कवि का नाम है या कवयित्री का। हमारे यहाँ इस ध्वनि-प्रभाव वाले नाम प्राय: स्त्रियों के होते हैं। लिहाज़ा मेरी बेटी ऋचा—जो अब नहीं है—जब पैदा हुई तो मैं उसे 'बाशो' कह कर पुकारने लगा, कुछ ऐसा शहद का-सा आस्वाद था इस नाम में। बाद में, जब हाइकू के पुनर्संस्कर्ता महान् सन्त कवि को जाना, तो 'बाशो' नाम

का यथार्थ भी मालूम हुआ।

जापानी कविता के इतिहास में मात्सुओ बाशो का उद्‌भव १७वीं सदी के मध्य में हुआ। उन्होंने 'वाका' (तांका के आदिरूप) के परवर्ती छन्द-प्रकार 'हाइकेइ' अथवा 'होक्कू' को, 'हाइकू' के रूप में नया रूप देने के साथ-साथ, जापानी ललित गद्य का भी पथ-प्रशस्त किया और डायरी शैली में कतिपय कालजयी यात्रा-वृत्त लिखे।

बाशो के जीवन सम्बन्धी जो भी तथ्य, यहाँ-वहाँ से जुटाये जा सके हैं, उनके अनुसार उनका जन्म सन् १६४४ ई. में जापान के इगा प्रान्त के उएनो क़स्बे में हुआ। उएनो क्योतो से दक्षिण-पूर्व में कोई तीस मील के फ़ासले पर है। बाशो के पिता का नाम योज़ाइमोन था और वे स्थानीय सामन्त 'तोदो' घराने में निचली श्रेणी के समुराई (योद्धा सैनिक) थे। योज़ाइमोन का पारिवारिक ढाँचा बड़ा था और तनख़्वाह कम थी, लिहाज़ा परिवार के भरण-पोषण के लिए उन्हें पास-पड़ोस के बच्चों की ट्यूशनें भी करनी पड़ती थीं।

बाशो कुल सात भाई-बहन थे—दो भाई व एक बहन बड़ी व तीन बहनें छोटी। इस तरह भाइयों में बाशो सबसे छोटे थे। उनकी माँ के बारे में ठीक-ठीक जानकारियाँ सुलभ नहीं हैं, किन्तु बाशो के यात्रा-वृत्तों से पता चलता है कि उन्होंने अच्छी उम्र पायी। माँ का जब निधन हुआ, तब बाशो की उम्र ३९-४० के बीच थी, जबकि पिता के निधन के समय वे महज़ ११ साल के थे।

बाशो की प्रारम्भिक पढ़ाई-लिखाई पिता की देखरेख में घर पर ही हुई और नौ साल की उम्र होते न होते उन्हें तोदो-परिवार की टहलुआगीरी में भेज दिया गया। यह बाशो का सौभाग्य ही था कि एक नाचीज़ टहलुआ के रूप में नियुक्त होने के बावजूद, तोदो के यहाँ उन्हें काम मिला राजकुँवर योशितादा के सहपाठी का। योशितादा उम्र में बाशो से दो साल बड़ा था, किन्तु मैत्रीभाव से यह जुगलजोड़ी अगले १४-१५ सालों तक ख़ूब फलती-फूलती रही।

योशितादा के रुझान उसके अपने खानदानी परिवेश से अलग तरह के थे। घुड़सवारी, तीरंदाज़ी, शिकार जैसे सामन्ती शग़ल से हट कर वह सीधे

काव्यकला से जा जुड़ा और मात्र ११ वर्ष की उम्र में किगिन (१६२४-१७०५) नाम के एक कवि को गुरु बनाकर काव्याभ्यास करने लगा। योशितादा का प्रभाव उसके टहलुआ-सखा पर भी पड़ा। इस तरह दोनों की जुगलजोड़ी काव्याभ्यास करने लगी। काव्याभ्यास के दौरान ही दोनों ने अपने-अपने कवि-नाम भी तय कर लिए। योशितादा ने अपना कवि-नाम रखा 'सेंगिन' और उसके टहलुआ-सखा ने 'सोबो'। इस तरह देखें तो बाशो का पहला कवि-नाम 'सोबो' सामने आता है। उल्लेखनीय है, बचपन में बाशो को किन्साकु नाम से पुकारा जाता था, कभी-कभी दो अन्य नामों—तोसीचिरो व चुएमोन—से भी लोग उन्हें सम्बोधित करते थे। जिस तरह काव्याभ्यास शुरू करने से पहले उनके तीन पारिवारिक नाम थे, लगभग उसी तरह काव्याभ्यास शुरू करने के बाद भी, अन्तिम रूप से 'बाशो' के रूप में प्रतिष्ठित होने से पहले, उन्होंने दो बार अपने कवि-नाम बदले। 'सोबो' उनका पहला कवि-नाम था, इदो आने के बाद, सन् १६७५ के आस-पास उन्होंने अपना कवि-नाम 'सोबो' से बदलकर 'तोसेई' किया। पाँच साल बाद, उनके प्रशंसक सम्पू (१६४७-१७३२) ने इदो में सुमिदा नदी के किनारे उनके लिए कुटी बनवायी और उसके प्रवेशद्वार पर केले का एक पौधा रोपा, तो केले के उस पौधे ने न सिर्फ़ कवि के भावी जीवन में नवरस का संचार किया, बल्कि उनकी अन्तिम-अकाट्य-अछेद्य पहचान भी बना। वहीं से, 'तोसेई' को बेदख़ल कर 'बाशो' (जापानी भाषा में केले की एक क़िस्म को 'बाशो' कहा जाता है) उनके कवि-नाम के रूप में अभिहित हुआ। आगे भी जब-जब बाशो ने अपने बासे बदले, केले का पौधा उनकी अविच्छिन्न पहचान बनकर साथ रहा।

उएनो में, योशितादा के साथ काव्याभ्यास शुरू करने के दौरान, बाशो की 'होक्कू' कविताएँ एक काव्य-संकलन 'सयोनो नाकायामा शू' (१६६४) में शामिल की गयीं, जिन्हें उनकी सर्वप्रथम प्रकाशित कविताओं का साक्ष्य माना जाता है। उनमें से एक कविता यह है :

> पत्रहीन चेरी
> लदी हुई फूलों से,
> जैसे कोई दन्तहीन बुढ़िया
> विचरती हुई अपनी जवानी के दिनों में।

उसी अभ्यास काल में सेंगिन ने अपने काव्यगुरु के काव्यगुरु तेइतोकु (१५७१-१६५३) की तेरहवीं पुण्यतिथि के अवसर पर, समकालीन युवा कवियों के सहयोग से १०० पदों की एक शृंखलाबद्ध कविता (Linked Verse) विकसित की थी। उसमें भी १७ कविताएँ बाशो की थीं। इसे दुर्भाग्य ही कहेंगे कि जब दो युवा कवि-मित्रों की जुगल-जोड़ी, कविता के क्षेत्र में, तेजी से आगे बढ़ रही थी, योशितादा सेंगिन का अचानक निधन हो गया। (उनकी उम्र तब २५ वर्ष और बाशो की २३ वर्ष थी।) यह बाशो के लिए बहुत गहरा भावनात्मक हादसा था। अपने कवि-मित्र का स्मृति-शिलापट्ट स्थापित करने के उपरान्त, उएनो में रुक पाना उनके लिए दूभर हो उठा। पूर्व स्मृतियाँ रह-रह कर झकझोरने लग जातीं। उन्होंने नौकरी से मुक्ति पाने का प्रयास किया, किन्तु तोदो-परिवार किसी भी क़ीमत पर उन्हें छोड़ने को तैयार नहीं था। अन्ततः एक दिन बिना किसी को बताये चुपचाप वे वहाँ से खिसक लिए और क्योतो जा पहुँचे। यहीं से शुरू होता है उनके परिव्राजक जीवन का सिलसिला।

क्योतो में बाशो कोई पाँच साल रहे। इस अवधि में उनके जीवनक्रम के विस्तृत तथ्य यद्यपि उपलब्ध नहीं हैं, किन्तु उनके निजी जीवन और साहित्यिक विकास से सन्दर्भित जो बातें जानकारी में आयीं उनके अनुसार क्योतो-काल के बाशो के जीवन में 'जुतेइनी' नाम की एक महिला का भी उल्लेख आता है और उसके सम्पर्क से एक या दो सन्तानों का भी। यह चूँकि बाशो का युवाकाल था, अतः किसी महिला का नाम उनके साथ जुड़ना अस्वाभाविक तो नहीं ही माना जाना चाहिए, किन्तु इसके कोई पुष्ट साक्ष्य अब तक सामने नहीं आये हैं। क्योतो में ही बाशो ने अपने काव्यगुरु 'किगिन' से जापानी क्लासिक ग्रन्थों का, 'इतो तानान' से चीनी शास्त्रीय ग्रन्थों का तथा कितामुकी उनचिकु से लेखन कला (कैलीग्राफ़ी) का अध्ययन किया और काव्यरचना के क्षेत्र में एक प्रकार के खुले-उन्मुक्त वातावरण से वे प्रेरित-प्रभावित हुए।

पाँच वर्ष क्योतो में रहने के उपरान्त, सन् १६७१ में बाशो अपने जन्मस्थान उएनो लौटे और अगले वर्ष वसन्त-ऋतु में उन्होंने अपने सम्पादन में पहला काव्य-संकलन 'काइ ओइ' तैयार किया और उसे वहाँ की तेनमान देवस्थली को समर्पित किया। इस संकलन में बाशो ने अपने तथा अन्य समकालीन कवियों के रचे हुए 'होक्कू' के जोड़े संयोजित किये थे और

प्रत्येक जोड़े की तुलनात्मक आलोचना प्रस्तुत की थी। उदाहरण के लिए यह जोड़ा देखें—

बारम्बार, दराँती से
छाँटी जाती है खच्-खच्
ख़ूबसूरत चेरी।

× ×

आओ, निहारो
चेरी की यह दीवारदरी,
रंगारंग दीवारदरी में
लिपटे मित्रवर जिन्बे।

होक्कू के उपर्युक्त जोड़े में पहला, 'रोसेतु' नाम के किसी कवि का है और दूसरा स्वयं बाशो का। दोनों की तुलनात्मक आलोचना करते हुए बाशो टिप्पणी देते हैं, "उपर्युक्त जोड़े में पहली कविता उत्तम है। इसमें 'बारम्बार' शब्द-पद के माध्यम से चेरी के जीवन की विडम्बना को रेखांकित किया गया है। इस प्रकार का वाग्वैदग्ध्य निश्चय ही समग्र रचना का एक आदर्श है। दूसरी कविता मेरी अपनी है। इसमें यह कहने का प्रयास किया गया है कि चेरी के वृक्ष के सम्मुख आने पर जिन्बे का महँगा कोट अपनी रंगत खो देगा। फिर भी स्वीकार करना ही होगा कि यह कविता कमज़ोर है, न सिर्फ़ संरचना की दृष्टि से, बल्कि पद-योजना की भी दृष्टि से, जबकि ये दोनों ही चीज़ें किसी कविता को उसका वास्तविक सौन्दर्य देती हैं। अत: अपनी इस कविता को मैं इसलिए कमतर मानता हूँ कि जिन्बे की नाज़ुकख़याली का दराँती की तेज धार से कोई मुकाबला नहीं है।..." बाद में भी अपने एक शिष्य 'दोहो' के साथ काव्य-चर्चा के दौरान बाशो ने कहा : "देवदार दरख़्त के बारे में देवदार दरख़्त से ही सीखो, बाँस के बारे में बाँस से।" उनके इस सूत्र का आशय यह है कि कविता रचते समय कवि को काव्य-संवेदना को, स्वयं से विच्छिन्न करके, काव्यवस्तु में समाहित कर देना चाहिए। काव्यवस्तु का वर्णन-मात्र पर्याप्त नहीं है, बल्कि वस्तु की वास्तविक संवेदना का संचार होने पर ही कविता आलोचना की कसौटी पर खरी उतरेगी।...

कुछेक महीने अपनी जन्मस्थली में बिताने के बाद, १६७२ ई. में बाशो वहाँ से निकल पड़े। किन्तु इस बार उनका गंतव्य क्योतो नहीं, बल्कि इदो

था—याने आज का तोक्यो। उएनो से विदा लेते समय बाशो ने एक कविता रची थी, जिसमें उनकी संवेदना और संकल्प का द्वन्द्व स्पष्ट झलकता है :

विलगित होंगे हम
सदा के लिए, मित्रो,
बादलों में विलुप्त
हंसों की भाँति।

सदा के लिए विलगित होने में जहाँ स्नेहियों-मित्रों से बिछुड़ने की कचोट है, वहीं बादलों में विलुप्त हंसों का बिम्ब अविराम यात्रा का संकल्प। आसमान में उड़ते हंसों की न कोई मंज़िल होती है, न कोई निश्चित उद्देश्य; तब भी, जैसे पखेरुओं के जीवन की सार्थकता उड़ते रहने में है, वैसे ही बाशो भी अपने जीवन की सार्थकता प्रकृति के उन्मुक्त अंचलों में निरन्तर विचरण करते रहने में ही देखते थे। आकस्मिक नहीं कि उनके जीवन का अन्त यात्रा-पथ पर ही हुआ।

बाशो जब इदो आये तो वह क्योतो की तुलना में, एक उभरता हुआ विकासोन्मुख शहर था—उद्योग-धन्धों, साहित्य-कला-संस्कृति आदि सभी दृष्टियों से। शुरू के कुछ वर्ष उन्होंने अपने मित्रों और प्रशंसकों के साथ रहकर गुज़ारे, और इस अवधि में उनका कवि-व्यक्तित्व इतनी भास्वरता से उभरा कि १६७५ में कवि सोइन जब ओसाका से इदो आये, तो उनके साथ शृंखलाबद्ध कविताओं की रचना के लिए जिन कवियों को आमन्त्रित किया गया, उनमें बाशो भी थे।

सोइन का सान्निध्य-सम्पर्क कई दृष्टियों से बाशो के कवि-जीवन में एक नया अध्याय माना जा सकता है। उसी मिलन वेला में बाशो ने अपना कवि-नाम 'सोबो' से बदल कर 'तोसेई' किया और, एक श्रेष्ठ कवि के रूप में सोइन की जो आदरणीय छवि उनके मानस पर अंकित हुई, उससे उत्प्रेरित होकर उन्होंने एक शृंखलाबद्ध कविता रची (शृंखलाबद्ध कविता सामान्यतया एक से अधिक कवियों की सामूहिक रचना होती है)—

आलूचा के इस दरख़्त के नीचे
सीख सकेगा एक काला साँड़ भी
गाना वसन्त गान

उत्फुल्ल आनन्द से भरपूर

× ×

फूटता हुआ एक मानव-कण्ठ से
अधिक सुरीला है गान दादुर की टर्-टर् से

× ×

मन्द-मन्द मनमोहक,
छींटी हुई इस धरा पर,
नन्ही-नन्ही फुहियाँ वन-झरने की।

यहाँ पहली कविता में बाशो ने सोइन को आलूचा का दरख़्त कह कर सम्मानित किया है और स्वयं को काव्य-कला-शून्य काला साँड़ कहा है और यह विश्वास भी व्यक्त किया है कि एक बड़े और पहुँचे हुए कवि के सान्निध्य में एक कम प्रतिभा वाला कवि भी अपना जीवन सार्थक कर सकता है। दूसरी कविता में बाशो का एक शिष्य अपने गुरु की काव्य-कला की प्रशंसा करता है।

सोइन के सम्पर्क में आने के बाद बाशो की काव्य-संवेदना में एक प्रकार के अन्तर्संघर्ष की शुरुआत हुई और किगिन के शिष्य-रूप में जो पुराने और घिसेपिटे काव्य-संस्कार उन्होंने अर्जित किये थे, उनसे मुक्ति पाने तथा नये-ताज़ा काव्य-उपादानों को अपनाने की छटपटाहट भी उन्होंने अपने अन्दर अनुभव की।

कुछ काल उपरान्त, सन् १६७६ में, एक बार फिर थोड़े समय के लिए बाशो अपनी जन्मस्थली गये और अपने साथ यह कविता ले गये—

इदो की मेरी स्मरणिका
है निर्मल शीतल समीर
फूजी पहाड़ की—
लाया जिसे मैं गेह पंखे पर अपने।

उएनो से वापस लौटने के उपरान्त, बिना कोई आगा-पीछा किये, वे काव्य-रचना में तल्लीन हो गये और अगले चार वर्षों के दौरान उनकी अनेकशः कविताएँ विभिन्न काव्य-संकलनों में प्रकाशित हुईं। इसके साथ-साथ 'इदो सांगिन' तथा कई ऐसे काव्य-संकलन भी इसी अवधि में आये, जिनमें मुख्यतः उनकी अपनी और उनके शिष्यों की कविताएँ थीं। कुल मिलाकर, इस दौर की उनकी कविताओं में सोइन का उदात्त और विदग्ध

स्वर प्रतिध्वनित होता लक्ष्य किया गया। उदाहरण के लिए—

एक बिल्ला गुज़रा
टूटी-फूटी भट्ठी के एक छेद के रास्ते
संगिनी से अपनी मिलने के लिए।

× ×

इस तरह सब कुछ ठीकठाक रहा,
न आने वाला कल सकुशल बीता,
यद्यपि मैंने खाया-पिया
ढेर सारा गेरइया मछली का शोरबा।

× ×

आह, वसन्त,
वसन्त महान के आगमन की वेला,
महान, वसन्त महान—
आह, महान—

बावजूद इसके कि सोइन की काव्य-विचक्षणता ने चार वर्षों की इस अवधि में बाशो की काव्य-संवेदना को गहरे तक प्रभावित किया था, उनके अन्दर एक प्रकार का रचनात्मक संघर्ष निरन्तर आलोड़ित होता रहा। अपनी गति में प्रवहमान, कविता का यह मन्द-मन्थर परिवेश अधिक समय तक उन्हें बाँधे नहीं रख पाया।

सन् १६८० में बाशो के एक प्रशंसक सम्पू ने, जो इदो का एक सम्पन्न व्यवसायी और कवि था—समय-समय पर उनकी आर्थिक सहायता भी करता रहता था—सुमिदा नदी के निकट फुकागावा में उनके लिए एक कुटिया निर्मित करा दी। उसी वर्ष जाड़े के मौसम में उनके एक शिष्य ने केले का एक पौधा कहीं से लाकर कुटिया के बाहर रोप दिया। यह बाशो के कवि-जीवन की दृष्टि से एक महत्त्वपूर्ण घटना थी। उसी दिन से केले का गाछ उनके व्यक्तित्व का एक अविभाज्य हिस्सा बन गया। सोबो, तोसेई आदि अपने पूर्ववर्ती कवि-नामों को परे झटक कर, अब अन्तिम रूप से उन्होंने अपना नामकरण 'बाशो' (केले के पौधे का जापानी नाम) के रूप में किया और इसी नाम से न केवल शेष भौतिक जीवन में जाने गये, बल्कि सदा-सर्वदा के लिए, देश में, विदेश में यही उनकी अन्तिम और प्रामाणिक पहचान बना। उसके बाद जब-जब उन्होंने स्थान-परिवर्तन

किया, बाशो का पौधा सर्वदा उनकी कुटिया के बाहर शोभायमान रहा। बाशो-गाछ को लेकर उसी दौरान उन्होंने एक कविता भी रची—

रोपा अपने बग़ीचे में मैंने
बाशो का एक गाछ,
और उसी पल जगा मन में
दूरी का भाव
सिरपेंचा के अँखुओं के प्रति।

सुमिदा तटवर्ती नयी कुटिया में स्थानान्तरित होने के बाद बाशो के संवेदना-लोक में एक विलक्षण और परस्पर विरोधाभासी परिवर्तन लक्ष्य किया गया। जब वे साधनालीन होते, तो बाह्य रूप से ऐसा प्रतीत होता जैसे वे असीम प्रशान्ति की अवस्था में हैं, किन्तु अन्तर्लोक में एक दार्शनिक क़िस्म का संघर्ष चलता रहता—आस-पास के इहलौकिक जीवन-व्यापार के प्रति एक प्रकार का उद्वेलन भीतर-ही-भीतर मथता रहता। 'अजुमा निक्की', 'हइकाई जून', 'मुसाशी बुरी' आदि संकलनों में सम्मिलित इस अवधि की उनकी कविताओं में एक प्रकार की विस्मयकारी आध्यात्मिक अशान्ति के संकेत लक्ष्य किये गये। यहाँ उद्धृत ये कविताएँ इस दृष्टि से महत्त्वपूर्ण मानी जायेंगी—

काला कौआ एक
आ जमा एक पत्रहीन पेड़ पर
गिरा जो किसी शारदीय दिवस में।

× ×

अर्धरात्रि में
चन्द्रमा की छिटकी छटा में
एक रहस्यमय कृमि
कोरता हुआ एक पाँगुर-दरख़्त को।

× ×

आज की रात
हवा सरसराती हुई बाशो के पत्तों के बीच से,
सुन रहा हूँ रिसती हुई वर्षा की बूँदें
सम्मुख एक कुण्ड के।

आत्मिक संघर्ष के इसी दौर में बाशो का सम्पर्क कोम्पोंजी देवालय के

प्रधान पुरोहित बुच्चो (१६४३-१७३५) से हुआ। उनसे उन्होंने इदो के चोकीइजी देवालय में ज़ेन साधना की दीक्षा ली और कुछ समय तक उन्हीं के निर्देशन में ध्यान-साधना करते रहे। इस प्रसंग में बुच्चो के साथ हुआ बाशो का एक संवाद प्रसिद्ध है—

> बुच्चो : इन दिनों तुम्हारा कैसा चल रहा है?
> बाशो : हाल की वर्षा के बाद काई पहले कभी से अधिक हरी हो गयी है।
> बुच्चो : काई की हरीतिमा से पूर्व बौद्धदर्शन का क्या रूप तुम देखते हो?
> बाशो : एक दादुर जल में कूदा, आवाज़ सुनायी दी।

इस संवाद का महत्त्व यह है कि इसकी सृजनात्मक परिणति बाशो के एक सुप्रसिद्ध हाइकू में हुई, जो विश्वप्रसिद्ध हुआ और लगभग सभी आधुनिक भाषाओं में उसका काव्यानुवाद हुआ। मूल जापानी में उक्त हाइकू के पाठ का रोमन रूप यह है—

> Furuike Ya,
> Kawazu tobikomu,
> Mizu na oto.

इसका शाब्दिक अनुवाद यह है—

> एक पुराना निष्क्रिय तालाब,
> उसमें एक मेढक कूदा,
> जल प्रतिध्वनित हुआ।

इसका कविश्री अज्ञेय द्वारा किया हिन्दी अनुवाद बहुत प्रसिद्ध हुआ, जो इस प्रकार है—

> ताल पुराना,
> कूदा दादुर
> गुड़ुप।

सहृदय और विवेकशील काव्यप्रेमी स्वयं निर्णय करें कि अज्ञेय जी द्वारा किया गया अनुवाद मूल की अन्तर्वस्तु के कितना निकट है!

ज़ेन-साधना के बाद भी यह प्रश्न शेष रह जाता है कि पूर्ण प्रबोधन की अवस्था तक बाशो पहुँच पाये अथवा नहीं, क्योंकि प्रायः वे कहते रहते

थे कि मेरा एक पैर परलोक में है, तो एक इहलोक में! फिर भी, इसमें सन्देह नहीं, कि ज़ेन साधना से उन्हें भौतिक विश्व को देखने, जानने-समझने की एक सर्वथा नयी दृष्टि मिली।

इसी दरमियान बाशो की कुटिया एक भीषण अग्निकाण्ड की चपेट में आकर राख-राख हो गयी। फलस्वरूप कुछ दिन तक उन्हें अपने एक मित्र के घर रहना पड़ा। इसी बीच, १६८३ की गर्मियों में उन्हें अपनी माँ के स्वर्गवास की दुखद सूचना मिली। इन सब घटनाओं ने बाशो की संवेदना को गहरे तक प्रभावित किया, जिसकी अभिव्यक्ति उन्हीं दिनों प्रकाशित 'मिनाशी गुरी' (खोखला पांगुर) की उनकी कविताओं में हुई। देखें ये उदाहरण—

विथकित चेरियों से,
विथकित अखिल विश्व से,
बैठा हूँ गँदली साके
और मनहूस भात के सम्मुख।

× ×

कौन हो सकता है यह भला
बीतते शरद के प्रति शोक व्यक्त करता,
दाढ़ी में सरसराहट भरती
हवा से बेपरवाह?

'खोखला पांगुर' में संकलित बाशो की कविताओं का अवलोकन करते हुए इस बात की प्रतीति होती है कि यद्यपि अभी तक वे शोइन के काव्य-शिल्प व मुहावरे से पूरी तरह उबर नहीं पाये थे, किन्तु अपने स्वयं के संघर्षों से राह बनाते हुए जिस दिशा में एक-एक क़दम आगे वे बढ़ रहे थे, उसके संकेत वहाँ पहचाने जा सकते हैं। यह बाशो के गहन अन्तर्मन्थन का दौर था। उन्होंने कहा, "महत्त्वपूर्ण यह है कि हम अपना चिन्तन सच्ची समझदारी की ऊँचाई पर केन्द्रित करें, और हमारे दैनिक अनुभवों की जो दुनिया है उसमें लौटते हुए, उनमें निहित सत्य को पहचानें।" यह एक प्रकार का यथार्थोन्मुख आध्यात्मिक सोच है, जिसे बाशो की वैचारिक अभिज्ञा कहा जा सकता है। जहाँ तक काव्य-शिल्प का प्रश्न है, पहले से चमत्कारवादी काव्योक्तियों और रूढ़ छान्दिक बन्धनों का जो कड़ा अनुशासन चला आ रहा था, काव्याभ्यास के दौरान स्वयं बाशो भी उसकी जकड़बन्दी

में आये, किन्तु उस सारे बनावटीपन से हाइकू को मुक्ति दिलाने का एक तार्किक अन्तर्संघर्ष उनकी चेतना में निरन्तर सक्रिय रहा। यही कारण था कि भौतिक जीवन के अन्तिम चरण तक आते-आते उन्होंने हाइकू का इतना पुनर्संस्कार कर दिया कि आधुनिकता की दिशा में सतत वर्धमान सामाजिक अभिव्यक्ति की आगामी चुनौतियों का सामना करते हुए वह अपनी प्रासंगिकता बनाये रख सके। पारम्परिक रूप में हाइकू १७ वर्णों का छन्द है, किन्तु बाशो के कई परवर्ती हाइकू १८ वर्णों के भी हैं। उनका स्पष्ट मत था कि कविता चूँकि हमें, अभिव्यक्ति के स्तर पर, मुक्त करती है, अतः उसे भी यान्त्रिक संरचना से सर्वथा मुक्त होना होगा। आज भी अगर हाइकू की प्रासंगिकता अक्षुण्ण बनी हुई है, जापानी साहित्य-समाज ही नहीं, विश्व साहित्य-समाज हार्दिकतापूर्वक उससे जुड़ा हुआ है, तो इसे बाशो का ही अवदान मानना होगा।

बाशो के व्यक्तित्व में रची-बसी यायावरी का उल्लेख पीछे हो चुका है। २३-२४ वर्ष की अवस्था में ही यायावरी वृत्ति उनसे आ जुड़ी थी, जो कभी क्योतो, कभी इदो, कभी जन्मस्थली उएनो की ओर उन्हें उन्मुख करती रही। जीवन के अन्तिम दस वर्षों के दौरान तो वे पूर्णकालिक पर्यटक ही बन गये। सन् १६८४ में वे अपनी पहली यात्रा पर निकले। फिर थोड़े-थोड़े अन्तराल से, अन्त तक उन्होंने चार यात्राएँ कीं। चौथी यात्रा तो हज़ारों मील लम्बी और भयानक रूप में अगम्य-दुर्गम स्थलों की थी। वह धुर उत्तर के संकुल पथों पर की गयी थी। उसके बाद, कोई एक मास के अन्तराल से, वे दक्षिण की यात्रा पर निकले। अभी वे ओसाका तक ही पहुँच पाये थे कि उन पर संग्रहणी का सांघातिक आक्रमण हुआ, जिससे चार दिन तक जूझते रहने के बाद १२ अक्तूबर, १६९४ को वे उस अन्तिम यात्रा पर निकल गये जो कभी समाप्त नहीं होती और जिससे कभी वापसी नहीं होती। इस सबसे उनकी अद्भुत जीवनी-शक्ति का परिचय मिलता है, साथ ही एक ऐसे जिज्ञासु के भी हम दर्शन करते हैं, जो इतिहास, पुरातत्त्व, मानव जीवन और प्रकृति के सूक्ष्मातिसूक्ष्म रहस्य को अन्वेषित कर आँख-भर देख लेना चाहता था। बाशो के सृजनशील व्यक्तित्व में जो स्थान कविता का है, यात्रापरक गद्य का उससे कमतर नहीं। उन्होंने अपनी प्रत्येक यात्रा का विस्तृत वृत्तान्त डायरी शैली में

लिखा, जिसे पढ़ने का अपना अलग ही आनन्द है। उनके यात्रा-वृत्त जापानी गद्य के मील के पत्थर हैं।

बाशो ने अपनी अन्तिम कविता निधन से चार दिन पहले अर्धरात्रि के नीरव एकान्त में रची थी। उसका हिन्दी अनुवाद यह है—

सफ़र में बीमारी—
सपने भटकते हुए
घास के झुलसे मैदानों में...

सुरेश सलिल

क्रम

मौसम की मार झेलते एक अस्थिपंजर का लेखा

मौसम की मार झेलते एक अस्थिपंजर का लेखा

एक प्राचीन पुरोहित[1] का अनुसरण करते हुए, जिसके बारे में प्रसिद्ध है कि किसी वस्तु की कोई परवाह किये बिना उसने हज़ारों मील की यात्रा की और निर्मल चन्द्र-ज्योत्स्ना में विशुद्ध भाव-समाधि की अवस्था प्राप्त की, मैंने ज्योक्यो के प्रथम वर्ष[2] के अगस्त मास में, शरत्कालीन हवाओं की सायँ-सायँ के बीच, सुमिदा नदी के तट पर स्थित अपने जर्जर घर से प्रस्थान किया।

अधोगति को संकल्पित
मौसम के ख़तरे उठाता एक पंजर,
कोई वश नहीं मेरा
हृदय को बेधती भीषण हवा पर

इदो[3] में दस शरद बिताने के बाद
मुड़-मुड़ कर, मेरा मन
निरख रहा ऐसे; मानो जन्मस्थली!

---

१. चीन के नानसुङ् राजवंश (११२७-१२७९) के चीनी पुरोहित कोमोन (कुआङ् वेन) का सन्दर्भ। भाव-समाधि की अवस्था से सन्दर्भित उसकी एक कविता प्राचीन जापानी संग्रह-ग्रन्थ 'कोको फुगेत्सु शू' में संकलित है।

२. सन् १६८४ ई.। बाशो के इस सम्पूर्ण यात्रा-वृत्त में तिथियाँ और महीने उस समय वहाँ प्रचलित जापानी चान्द्र पंचांग के अनुसार दिये गये हैं। आज के पंचांग की तुलना में, तब जनवरी का महीना लगभग एक मास विलम्ब से आता था।

३. तोक्यो का पुराना नाम 'इदो' था। बाशो के समय तोक्यो इदो नाम से जाना जाता था।

एक बरसते दिन, मैंने हकोने का नाका-द्वार पार किया। सारे के सारे पर्वत मेघों के पीछे गहरे धँसे हुए।

परिहास ही था, एक अर्थ में
दिखायी न देना फूजी पर्वत का
धुन्ध भरी बारिश में!

इस यात्रा में 'चिरी' नाम का एक युवक मेरा सहयात्री था। उसने कृपापूर्वक सेवकाई का दायित्व अपने सिर लिया था और मार्ग में मेरी हर सम्भव सहायता के लिए प्रस्तुत रहा। वह एक सच्चा स्नेही व्यक्ति था। इतना भरोसेमन्द कि आड़े वक़्त का साथी कहा जाय उसे।

छोड़ा अपने गुरु का घर
मैंने फुकागावा में,
सौंपते हुए बाशो[१]-वृक्ष को
फूजी पहाड़ की परवरिश में। (चिरी[२]-लिखित)

फूजी नदी के साथ-साथ पैर घसीटते हुए, तट पर मैंने एक नन्हे बच्चे को देखा। मुश्किल से तीन साल का। करुण रुदन करता हुआ। स्पष्ट ही माँ-बाप से परित्यक्त। सोचा होगा उन्होंने कि यह जीवन के तूफ़ानी सागर को, जो इस वेगवती नदी की ही भाँति हरहराता हुआ प्रवहमान है, पार नहीं कर पायेगा, और यह कि इसके भाग्य में ओस की बूँद से भी छोटी ज़िन्दगी लिखी है।...मुझे यह बच्चा सिरपेंचा के फूलों जैसा नाज़ुक प्रतीत हुआ, जो शरदकालीन हवा के मामूली से मामूली झोंके से बिखर जाते हैं। और यह इतना दया-भाव जगाने वाला था कि मेरे पास खाने की जो थोड़ी-सी चीज़ें थीं, मैंने उसे दे दीं।

वह प्राचीन कवि, दयार्द्र हो उठा था जो
रोते हुए बन्दरों को देख कर,
क्या कहता भला, शरद की बयार में
यदि इस बच्चे को रोता हुआ देखता?

---

१. केले की एक विशेष क़िस्म। इसी पौधे के सौन्दर्य पर रीझ कर कवि ने अपना पूर्व-नाम ख़ारिज कर नया नाम 'बाशो' रखा और इसी नाम से अमर हुआ।

२. चिरी (१६४८-१७१६) नारा प्रिफेक्चर के 'यमातो' का मूल निवासी। इसका अधिकांश जीवन इदो शहर में (असाकुसा में) बीता। यह कविता सम्भवत: बाशो ने बोल कर 'चिरी' से लिखाई होगी।

इस बच्चे की इस दुर्गति की क्या वजह हो सकती है भला! इसकी माँ, जिसने इसकी उपेक्षा की, अथवा इसका पिता, जिसने इसका परित्याग किया? मुझे लगता है इस बच्चे की, सहनशीलता से परे, इस यातना का कारण कोई और है, अधिक बड़ा, अधिक निकट, जिसे अकाट्य देवेच्छा कहना अधिक उचित होगा। यदि ऐसा ही है, तो बच्चे, तुझे अपना स्वर दैव तक ऊँचा उठाना होगा, और मुझे तो तुझे यहाँ—इस अवस्था में छोड़ कर आगे जाना ही है।

जिस दिन मैं 'ओई' नदी पार करना चाहता था, सुबह से रात तक बारिश होती रही, और उमड़ती नदी ने मुझे रोक लिया।

शरद का एक पूरा बरसता दिन,
इदो में मेरे मित्र शायद
ओई पर हमारे होने की सोचते हुए
गिन रहे हों दिन! (चिरी द्वारा लिखित)

आगे एक यह दृश्य—

राह-किनारे शारोन के गुलाब
नष्ट होते हुए एक के बाद एक
मुँह में एक घोड़े के!

कुछेक मील की दूरी मैंने घोड़े पर तय की। अधसोयी दशा में। चाबुक मेरे बग़ल में झूलता हुआ, ठीक चीनी कवि तोबोकू[1] की शैली में। आकाश में बूढ़ा चाँद शिथिल लटका हुआ और पहाड़ों की तलहटी किसी घाटी जैसी; अँधेरे में डूबी। मुर्गे की बाँग के लिए भी अभी भोर होने में देर थी। किन्तु मेरा घोड़ा जब सायो-नो-नाकायामा की खड़ी ढाल पर पहुँचा तो मेरा सपना अकस्मात् बाधित हुआ।

अधसोया घोड़े की पीठ पर
देखा मैंने, मानो किसी सपने में;
दूर टँगा चन्द्रमा और धुएँ की एक लकीर
सुबह की चाय के लिए।

ढलान उतर कर मैं 'इसे' गया। वहाँ अपने मित्र फुबाकू[2] के साथ मैंने दस

१. उत्तरवर्ती ताङ् राजवंश काल का चीनी कवि तू मू (८०३-८५२ ई.)। जापान में उसे 'तोबोकू' नाम से जाना जाता है।

२. फुबाकू हाइकू छन्द में काव्य-रचना करता था। इसके जन्म-मरण के वर्ष पता नहीं।

दिन बिताये। एक शाम, अँधेरा घिरने से ठीक पहले मैं इसे की बाहरी देवस्थली देखने गया। उसका मुख्य–द्वार छाया में था और प्रकाश पृष्ठभूमि में टिमटिमा रहा था। वहाँ खड़े, दूरस्थ पर्वतों पर हरहराते देवदार वृक्षों का शोर सुनते हुए, दिल के बहुत गहरे में मैंने एक विचित्र हलचल अनुभव की।

अँधेरे पाख की एक रात के निपट अँधेरे में
एक दमदार बयार वयोवृद्ध देवतरुओं को
बाँधे हुए अपने आलिंगन में।

मेरी कमरपेटी में धातु का एक टुकड़ा तक नहीं, न कन्धे पर झूलते एक थैले के सिवा और कुछ मेरे पास। सिर बेलमुण्ड और हाथ में एक सुमिरनी। पहनावा निस्सन्देह मेरा किसी पुरोहित जैसा, किन्तु पुरोहित मैं हूँ नहीं—दुनियादारी अभी पूरी तरह झाड़ नहीं पाया। तब भी, भीतरी देवस्थली के रक्षक ने पवित्र वेदिका तक मुझे नहीं जाने दिया। मेरी छवि उसे किसी बौद्ध पुरोहित जैसी लगी।

घाटी की तलहटी में, जहाँ कहा जाता है कि प्राचीन कवि साइग्यो[१] ने अपना आश्रम बनाया था, एक नदी थी और उसके तट पर बैठी एक स्त्री आलू धो रही थी।

कवि साइग्यो ने लिखी होती एक कविता
आलू धोती इस स्त्री के लिए भी!

दिन डूबने को हुआ, तो मैंने एक छोटे से चायघर में टिकान किया। वहाँ 'तितली' नाम की एक युवा स्त्री ने मुझे रेशम का एक श्वेताभ टुकड़ा दिया और यह अनुरोध भी कि मैं उसके नाम पर एक कविता लिख दूँ।

तितली एक
मँडराई एक सुकोमल पुष्पवृन्त पर
कितने सुरीले अन्दाज़ में
सुरभि दहक रही उसके पंख पर!

मैंने एक कवि से उसकी कुटी में जाकर भेंट की।

---

१. साइग्यो (१११८–११९०), प्रकृति सम्बन्धी कविताओं का एक प्रसिद्ध कवि। वह पहले एक राजदरबार में 'समुराई' था। तेईस वर्ष की वय में सब कुछ छोड़-छाड़ कर वह रमता जोगी हो गया। बाशो उसे अपना आदर्श मानते थे।

एक महालता छैली हुई दीवार पर
और, कुछेक बाँस
आमंत्रण देते हुए किसी तूफ़ान को।

सितम्बर के आरम्भ में अन्ततः मैं अपने जन्म-ग्राम पहुँचा, किन्तु वहाँ उन जड़ी-बूटियों का कहीं-कोई नाम-निशान भी नहीं, जो माँ अपने कक्ष के बाहर उगाया करती थीं। पाला मार गया होगा उन्हें। कुछ भी यथावत् नहीं बचा था। झुर्रियों और सफ़ेद बालों ने मेरे भाइयों के चेहरे तक बदल डाले थे। एक दूसरे को जीता-जागता देख पाने भर का सन्तोष हम कर सके। सबसे जेठे भाई ने ताबीज़ की एक छोटी-सी थैली निकाली और उसे खोलते हुए कहा, "ये देखो माँ के रूखे बाल! तुम अब स्वयं को उराशिमा[१] कह सकते हो। उसने जैसे ही देवी की दी हुई जादुई डिबिया खोली कि उसके बाल चाँदी जैसे सफ़ेद हो गये थे।" कुछ देर तक आँसुओं से नहाते रहने के बाद मैंने लिखा—

लूँ मैं इन्हें अपने हाथों में?
विलीन हो जायेंगे मेरे अश्रुओं की गरमाहट से
तुषार के ये हिमसदृश धागे।

यमातो का ग्राम्यांचल पार करते हुए हम कात्सुगे प्रदेश के ताकेनोउची गाँव पहुँचे। यह वह स्थान है जहाँ मेरे सहयात्री चिरी का जन्म हुआ। थकान से टीसते अपने पैरों को राहत देते, हमने कई दिन वहाँ बिताये। वहाँ बाँस के झुरमुट में गहरे धँसा हुआ एक घर था।

किसी वीणा की-सी सुरीली
आ टकराती है मेरे कानों से
रुई के धनुष-चाप की झंकृति
बाँसों के इस घने कोटर में।

---

१. उराशिमा, लोककथाओं में आया एक चरित्र। वह एक युवा मछुआरा था। सागर तट पर उसने एक कछुए की जीवनरक्षा की थी। इससे प्रसन्न होकर सागर की देवी ने उसे अपने प्रासाद में अतिथि रूप में रखा। वहाँ से लौटा तो दुनिया पूरी तरह बदल चुकी थी। अकेलेपन से ऊबकर उसने सागर की देवी द्वारा उपहारस्वरूप दिया गया छोटा-सा डिब्बा खोला। डिब्बे के खुलते ही उसमें से धुएँ की एक पतली रेखा निकली और वह मछुआरा युवा से एक बूढ़े व्यक्ति में बदल गया। उसके बाल कपास जैसे सफ़ेद हो गये।

फुतागामी पर्वत की तलहटी में स्थित ताइमा देवालय के बग़ीचे में मैंने देवदार का एक विशाल दरख़्त देखा, कोई हज़ार वर्ष उम्र का। तना इतना मोटा कि एक साँड़ आसानी से समा जाय। जैसे ही मैं उस देवतरु के सम्मुख जाकर खड़ा हुआ, भय और श्रद्धा की मिली-जुली एक विचित्र सी अनुभूति मुझे हुई। वह दरख़्त यद्यपि एक तटस्थ और अनुभूतिशून्य वस्तु था, तब भी बुद्धदेव के दिव्य संरक्षण में इतने-इतने युगों तक किसी कुल्हाड़ी की चपेट में आने से बचा रहा।

कितने कितने याजक
कितने कितने उषासूक्त
काल-कवलित हुए
अटल विधान जैसे शाश्वत इस देवतरु के नीचे!

मैं अकेला ही योशिनो के पर्वतांचल में भरमता-विचरता रहा। मेघों के श्वेत पुंज चोटियों पर एकत्र थे और सारी घाटियाँ वर्षा की गिरफ़्त में थीं। पहाड़ी ढलानों के साथ-साथ लकड़हारों के आवास छितरे-बिखरे फैले थे और पश्चिमी ढाल से आती कुल्हाड़ी की आवाज़ पूर्वी पहाड़ों तक गूँजती सुनायी देती थी। विभिन्न देवालयों में बजती घण्टियाँ मेरे अन्तर्लोक में गहरे तक ध्वनित हो उठीं। अनेक प्राचीन कवियों ने, शेष विश्व से पूर्णतया वियुक्त होकर, इस पर्वतांचल में अपना अधिवास बनाया था। स्वाभाविक ही था उनके लिए इन पर्वतों की तुलना चीन के रोज़ान गिरि[१] से करना। एक विशेष देवालय के उपगृह में मैंने टिकान किया और रात्रि के निबिड़ एकान्त में लिखा—

करो प्रहार अपने पूर रहे पिण्डक पर,
और, कम से कम, सुनने तो दो मुझे
आवाज़ उसकी, ओ प्रिय देवालय भार्या!

साइग्यो का घास से घिरा आश्रम योशिनो के सबसे भीतरी देवालय के पीछे कोई दो सौ गज की दूरी पर था। एक खड़ी घाटी उसे अलगाती थी और पत्तों से उफनती एक सँकरी पगडण्डी के रास्ते ही उस तक पहुँचा जा सकता था। लोकप्रसिद्ध प्रपात ठीक वैसा ही था जैसा तब रहा होगा, जब

१. चीन की एक पर्वत-शृंखला, जिसे लू-शान भी कहते हैं। हुइ-यूवान (३३४-४१६ ई.) तथा पो-चू-ई (७७२-८४६ ई.) आदि अनेक कवियों ने वहाँ एकान्तवास किया था।

कवि ने उसका सौन्दर्य-वर्णन किया था— टिप्-टिप् की आवाज़ के साथ झलमल जल-बूँदें टपकाता।

चाहता हूँ प्रक्षालित करना,
परीक्षण के तौर पर,
देह-चढ़ी यह दुनियावी धूल
ओस की झलमल बुँदकियों से।

यदि हाकुई[१] अपने दुष्ट सम्राट से पीछा छुड़ा कर जापान आया होता, तो निश्चय ही अपना मुख इस प्रपात के जल से प्रक्षालित करता, ठीक वैसे ही, यदि क्यूयू[२] ने इस प्रपात के बारे में सुना होता, तो लम्बा मार्ग तय कर अपने कलुषित कानों को प्रक्षालित करने यहाँ आता। अन्ततः जब पहाड़ से उतरना मैंने तय कर लिया, तो शरद की साँझ का सूर्य अपनी लगभग समतल रोशनी उँडेल रहा था। अतः अन्य सभी प्रसिद्ध स्थलों के दर्शन का विचार त्याग मैं सीधे सम्राट गोदाइगो[३] का स्मारक देखने गया।

शिनोबू नाम वाली अपतृणीय घास
स्मरण कराती विगत युगों का—
समाधि के सम्मुख।

(शिनोबू को अँग्रेज़ी में 'रिमेनिसेंस' (स्मृति) कहते हैं।)

यमातो और यामाशिरो प्रदेशों से यात्रा करते हुए, ओमी के रास्ते मैं मीनो प्रदेश में प्रविष्ट हुआ। यामानाका तथा इमासु के पर्वतीय ग्रामांचल से गुज़रते हुए मैंने धूर्त-अन्यायी सामन्त योशीतोमो[४] की हतभाग्या उप-पत्नी तोकीबा[५] की समाधि के दर्शन किये। 'इसे' देवस्थली के एक प्रबन्धक

१. पो-ई, चीन का प्राचीन ऋषि, जिसने चू राजवंश के सम्राट वू-वाङ् को परामर्श दिया था कि मिन राजवंश के चू-वाङ् की हत्या का अपयश अपने सिर न ले। यह राजधर्म के विरुद्ध है। वू-वाङ् ने उसका परामर्श नहीं माना। खिन्न मन पो-ई एकान्तवास के लिए पहाड़ों की ओर चला गया।

२. एक प्राचीन चीनी साधु शू-यू। सम्राट याओ ने उसके सम्मुख राजगद्दी का प्रस्ताव रखा, तो वह तत्काल उठ खड़ा हुआ और मिङ्-शु-ई नदी में जाकर अपने कान धोयें।

३. गोदाइगो (१२८८-१३३९), जापान का ९६वाँ सम्राट। उसकी मृत्यु पहाड़ों में हुई।

४-५. मिनामोतो-नो-योशीतोमो (११२३-११६० ई.) ने अपने पिता के विरुद्ध युद्ध लड़ा और उसकी हत्या की। दो वर्ष बाद वह स्वयं भी एक युद्ध में पराजित हुआ और पलायन करते हुए मारा गया। पति की मृत्यु के बाद, तोकीबा जब क्योतो से पूर्वी प्रदेशों की यात्रा कर रही थी तो रास्ते में लुटेरों के एक गिरोह ने उसकी हत्या कर दी।

मोरिताके[1] ने अपनी एक कविता में जब उन दोनों का तुलनात्मक वर्णन किया, तो आसपास हौहाती शीत-झंझा और योशीतोमो में एक प्रकार की समानता उसने अवश्य लक्ष्य की होगी। मैंने भी लिखा—

शरद की शीत-झंझा
मेल खाती हुई कुछ-कुछ
सामन्त योशीतोमो के जड़ीभूत हृदय से।

कुछ समय मैंने फुवा के नाके पर भी गुज़ारा।

वृक्षों के झुरमुट, खेत और वह सब कुछ
जो कि है, कभी हुआ करते थे फुका का नाका—
शरद का पवन सीटियाँ बजाता है।

कवि बोकुइन[2] के अतिथि के रूप में, एक रात मैंने ओगाकी में गुज़ारी। सच ही मौसम की मार झेले एक अस्थिपंजर में रूपान्तरित होने को कृतसंकल्पित, मुसाशिनो का अपना घर छोड़ने से अब तक, मैं एक लम्बा रास्ता तय कर चुका हूँ।

अब भी मैं जीवित हूँ
एक प्रदीर्घ स्वप्न के छोर पर
अपनी यात्रा के,
अधोगति एक शारद दिवस की।

कुवाना का होन्तो देवालय देखने भी मैं गया।

अधबीते जाड़े में डेहलिया के फूल
और दूर से उभरती किसी परिन्दे की टेर,
इस हिमांचल में
क्या मैंने कोयल की कुहुक सुनी?

घास के बिस्तर पर सोने की थकान। भोर वेला से पहले ही, मैं ढलान उतर कर सागर तट पर जा पहुँचा।

प्रत्यूष वेला,
नन्हीं श्वेताभ मछलियाँ

---

१. मोरिताके (१४७३-१५४९) ने हाइकू में विशेष योगदान दिया था।

२. बोकुइन (१६४६-१७२५ ई.) जहाजों पर माल चढ़ाई-उतराई का एजेंट और कवि था।

क्षणिक आभा बिखेरतीं,
मुश्किल से अंगुल-अंगुल भर की।

आत्सुता देवस्थली देखने मैं गया। किन्तु वह निरी खण्डहर हुई पड़ी थी। दीवारें ढही हुई और ध्वस्त भवनों के मध्य खड़ी सूखी घास। विलुप्त हो चुकी देवस्थलियों की निशानदेही कराती यहाँ-वहाँ बँधी रस्सियाँ, और पत्थरों पर, वहाँ कभी स्थापित रहे, देवों के उत्कीर्णित नाम। इस धूसर पटभूमि से जुड़े अवसाद और बेतहाशा उगे कुश-काँस व 'शिनोबू' घास ने कुछ ऐसा प्रभाव छोड़ा जो प्रीतिकर तो कत्तई नहीं, किन्तु विलक्षण रूप से अविस्मरणीय था।

कुश-काँसों से भरे संस्मरण भी
निर्जीव हैं,
एक पान्थशाला में
कुछेक पिन्नियाँ ख़रीदीं और खाईं।

नागोया से होकर आगे बढ़ते हुए, जहाँ कहा जाता है, सनकी चिकुसाई[१] ने कठहकीमी और कविता का अभ्यास किया था, मैंने लिखा—

अपने भीतर की किंचित् दीवानगी के साथ,
जो वस्तुतः कविता है,
घिसट रहा हूँ मैं चिकुसाई की भाँति
हवा की हुआँहटों के मध्य।

घास की शैया पर सोया हुआ
सुनता हूँ जब-तब, रात में
भौंकना किसी कुत्ते का
रह-रह कर होती बारिश में।

मैं हिम-दर्शन का आनन्द ले रही एक टोली के निकट गया।

प्रस्तुत हूँ प्रसन्नतापूर्वक बेचने को
लाभ-लोभ के लिए,
नगर के ओ प्रिय सौदागरों,
हिमाच्छादित अपनी यह हैट मैं।

---

१. एक हास्यकथा का केन्द्रीय चरित्र।

मार्ग में मेरा सामना एक यात्री से हुआ।

घोड़ा भी है देखने की वस्तु
सम्भव नहीं है देखे बिना इसे आगे बढ़ पाना
हिमस्नात इस सुबह, मेरे लिए।

दोपहर बाद का सारा समय मैंने सागर-तट पर बिताया।

धुन्ध-आवेष्ठित सागर पर
उड़ती एक बत्तख की आवाज़-भर
स्पष्ट है—कोमल श्वेताभा में घुली।

इस प्रकार यहाँ-वहाँ बिचरते वर्षान्त निकट आ पहुँचा।

सिर पर हैट, पैरों में पुआल-पादुकाएँ,
पथ पर ही हुई भेंट मेरी वर्षान्त से।

तब भी, नव वर्ष के स्वागत हेतु, समय से मैं जन्म-ग्राम के अपने घर पहुँच गया।

किसका दूल्हा हो सकता है यह?
देखता हूँ एक गाय,
लदी हुई चावल की पिन्नियों से, हरे पर्णांग से गो-वर्ष में।

नारा की दिशा में बढ़ते हुए, मार्ग में मैंने लिखा—

आया वसन्त!
अनामा पहाड़ियाँ तक सजी-धजी हुई
भोर के कोहरे के झीने परिधान में।

निगोत्सुदो देवालय में जब धर्मानुष्ठान चल रहा था, तभी मैं वहाँ पहुँचा।

जलाकर्षण अनुष्ठान[१],
काष्ठ पादुकाएँ पुरोहितों की
बजती हैं सभागार के बर्फ़ीले फ़र्श पर।

चढ़ाई चढ़ कर मैं क्योतो गया और वहाँ मित्सुई शूफू[2] से, नारुताई प्रपात

---

१. जलाकर्षण अनुष्ठान को जापानी भाषा में 'ओमीजुतोरी' कहते हैं। यह, फ़रवरी के महीने में, नारा के तोदाइजी देवालय में होता है।

२. शूफू (१६४६-१७१७) क्योतो का एक धनी व्यापारी था। नारूताकी स्थित उसका भवन कवियों को विशेष रूप से प्रिय था।

के पार्श्व में स्थित उसके आवास पर जाकर भेंट की। वहाँ आलूचा का एक बग़ीचा था।

आलूचा-पुष्पों की शुभ्र चादर,
अचरज में हूँ कि सारस कहाँ गये?
चुरा ले गया उन्हें कोई
अथवा छिपे हैं बौर की ओट में?

बाँज का एक हट्टाकट्टा दरख़्त
बाग़ में आलूचा के,
बिल्कुल ही उदासीन—लदे-फदे बौर से।

फुशुमी ग्राम जाकर मैंने साइगांजी देवालय के पुरोहित निन्को[१] से भेंट की।

आनन्दाश्रु बहाओ अपने मेरी बाँहों पर
ओ आड़ू-पुष्पों, फुशिमी के,
पुनर्मिलन के इस अवसर पर।

ओत्सु की दिशा में बढ़ते हुए, मार्ग में मैंने एक पहाड़ को पार किया।

राह गही मैंने अब
एक पहाड़ी दर्रे की,
अभिनन्दन किया वहाँ मेरा
एक मुस्कुराते नील पुष्प ने।

दूर बहती बीवा झील का नज़ारा सम्मुख है—

दूर और निर्वेग,
चेरी के फूलों से भी ख़फ़ीफ़
मृगजल की भाँति बहती नज़र आती,
(निकट ही) देवतरु कारासाकी का।

दोपहर के भोजन के लिए मैं एक विशिष्ट भोजनालय में रुका।

जंगली अज़ालिया की एक टहनी
पड़ी हुई डोल में, पीछे
एक स्त्री चीथती हुई सूखी काड मछली।

---

१. साइगांजी देवालय का तीसरा पुरोहित, जो पुरोहित होयो (१६६६-१६८६) के नाम से लोकप्रिय था।

सड़क-किनारे का एक दृश्य—

बनैली गौरैयाँ
फूली सरसों वाले एक खेत में
स्वाँग भरती हुई पुहुपानुराग का।

मिनाकुची में, बीस साल के उपरान्त, अपने एक पुराने मित्र[1] से मैं मिला।

चमकीली-चटकीली चेरी
भरपूर फूली हुई,
दो ज़िन्दगियों के मध्य
एकाकार हो गयी।

ड़ज़ू ग्रामांचल में हिरू-गा-कोजिमा के एक पुरोहित ने, जो बीते साल के शारद मास से अकेले ही यात्रा कर रहा था, मेरे बारे में सुना और मिलने को उद्वेलित हो उठा। मेरा पीछा करते हुए, ओवारी ग्रामांचल तक का लम्बा रास्ता तय करके, अन्ततः उसने मुझे पकड़ ही लिया।

आओ, हम साथ-साथ टूँगें
गेहूँ की बालियाँ,
रात बितायें साथ
घास की सेज पर।

इसी पुरोहित से पता चला कि एंगाकुजी देवालय के प्रधान पुरोहित दाइतेन[2] का इसी जनवरी में देहान्त हो गया। यह ऐसा आकस्मिक समाचार था कि अपने कानों पर मुश्किल से ही विश्वास कर पाया। तत्काल मैंने किकाकु[3] को एक पत्र लिखा।

आलूचा की याद दिलानेवाला
यादों से भी दूर जा पड़ा,
अर्पित करता मैं श्रद्धांजलि
आँसू छलकाती आँखों से।

---

१. इगा-निवासी तोहो (१६५७-१७३०), इसके आलोचनात्मक निबन्धों का संग्रह 'सनज़ोशी' बाशो के काव्य-विषयक विचारों को समझने का एक प्रमुख स्रोत है।

२-३. कामाकुरा के एंगाकुजी देवालय का ६३वाँ प्रधान पुरोहित। बाशो के प्रमुख शिष्य किकाकु ने उसी के मार्गदर्शन में 'ज़ेन' दीक्षा ली थी।

एक कविता तोकोकु[1] को समर्पित की—

तितली फड़फड़ाती हुई
श्वेत पोस्त-पुष्प पर,
झटक लेगा वह उसके पंख
मान कर प्रतीक प्रेम का।

घर-वापसी के रास्ते में, पुनः मैं अपने मित्र तोयो[2] के यहाँ रुका। पूर्वी प्रान्तों की ओर बढ़ते हुए, उसके घर से बिदा लेते हुए, मैंने यह कविता वहाँ छोड़ी—

धँस कर चूसने के बाद
डेहलिया का मधु पराग,
खिसक रही मधुमक्खी, बाहर की ओर,
उसके रोमिल एकान्त से।

काई ग्रामांचल पार करते हुए, पहाड़ों के मध्य अलग-थलग पड़ी, एक पान्थशाला में मैंने टिकान किया।

कैसी तो ऐयाशी है यह
किसी सफ़री घोड़े के लिए—
गेहूँ की कलेवा हो किसी सत्कारशील पान्थशाला में!

अन्ततः अप्रैल बीतते-न बीतते मैं घर वापस आ गया। कई दिन के विश्राम के बाद, ये पंक्तियाँ मैंने लिखीं :

झाड़-झूड़ दिया शेष सब,
किन्तु कुछ जूएँ हैं अब भी
सफ़र में साथ आ जुड़ीं—
रेंगती हुई मेरे वस्त्रों पर।

---

१. तोकोकु, नागोया का एक व्यापारी और बाशो का अत्यन्त स्नेहशील शिष्य। उसका निधन अल्पायु में (१६९० में) हुआ।

२. तोयो (निधन १७१२ ई.), आत्सुता की एक पान्थशाला का प्रबन्धक।

काशिमा देवस्थली की यात्रा

शरद पूर्णिमा की रात सुभा के सागर तट पर गुज़ारते हुए, प्रसिद्ध है कि क्योतो के कवि तिइशित्सु[१] ने यह कविता लिखी :

> देवतरु के नीचे झुके-झुके
> देखा मैंने पूनम का पूरा चाँद,
> सोचता रहा रात-भर
> चूनागोन[२] के दुख के बारे में।

कुछ समय तक इस कवि की स्मृति में लीन रहने के बाद, अन्ततः काशिमा देवस्थली के पर्वत शिखरों के ऊपर पूर्णचन्द्रोदय-दर्शन की उत्कट इच्छा के वशीभूत, विगत शरद मास के एक दिन मैं यात्रा के लिए निकल पड़ा। मेरे साथ दो लोग और थे, एक छुट्टा-छरीदा युवक और एक भ्रमणशील पुरोहित। पुरोहित कौवे के रंग जैसा काला एक चोगा पहने था। पवित्र अंगवस्त्रों की एक पोटली उसके गले में लटकी हुई और पीठ पर बुद्धदेव की पवित्र प्रतिमा से युक्त एक सुबाह्य वेदिका झूलती हुई। वह अपना लम्बा दण्ड लहराते हुए सबसे आगे चल रहा था, मानो द्वारविहीन द्वार के पार की दुनिया का मुफ़्त प्रवेशपत्र उसके पास हो। काले चोगे में मैं भी था, किन्तु मैं न तो पुरोहित, न साधारण दुनियादार आदमी। मैं तो एक चमगादड़ की तरह कभी एक परिन्दे के लिए, कभी एक चूहे के लिए निरन्तर डगमग चाल चलता रहा हूँ। आवास के निकट हम एक नौका पर

१. तिइशित्सु (१६१०-१६७३) क्योतो का एक सौदागर, जो कवि था। वह तिइतोकू का शिष्य था।

२. आरिहारा-नो-युकिहिरा (८१८-८९३) का एक लोकप्रसिद्ध नाम 'चूनागोन' था। यहाँ उसकी एक प्रसिद्ध कविता का सन्दर्भ आया है।

सवार हुए और ग्योतोकु कस्बे की दिशा में चल पड़े। वहाँ पहुँच, नौका से उतर, भाड़े के घोड़े लिए बिना हम पैदल-पाँव ही अगली मंज़िल की दिशा में चल पड़े। हम वस्तुतः अपनी सींकिया टाँगों की ताक़त आज़माना चाहते थे। 'काइ' प्रदेश के एक विशिष्ट मित्र से उपहारस्वरूप मिली सरू की हैटों से अपने सिर ढक हम तब तक चलते रहे जब तक, याहाता ग्रामांचल को पीछे छोड़ते हुए, कामागाइ-नो-हारा नाम वाले अन्तहीन घासवाले बीहड़ तक नहीं पहुँच गये। कहते हैं, चीन में एक बहुत लम्बा-चौड़ा मैदान है, जहाँ सरसरी दृष्टि में ही एक हज़ार मील की दूरी तय की जा सकती है। किन्तु यहाँ हमारी आँखें घास की फुनगियों पर अबाधित रूप से तब तक तैरती रहीं, जब तक वे, क्षितिज को भेदती त्सुकुबा पर्वत की दो जुड़वाँ चोटियों पर नहीं जा टिकीं। आकाश को बेधती दो तलवारों की भाँति, स्वर्गद्वार तक ऊँची उठी हुई ये चोटियाँ चीन के रोज़ान पर्वत की विख्यात जुड़वाँ चोटियों से होड़ लेती हुई प्रतीत हुईं।

ज़िक्र ही क्या भला
हिम-सौन्दर्य का, त्सुकुबा पर्वत के!
कैसा तो दीप्तिमान
अपने नील-लोहित अँगरखों में!

यह कविता मेरे शिष्य दानसेत्सु[१] ने यहाँ की अपनी यात्रा के अवसर पर रची थी। राजकुमार यामातोताकेरु[२] ने भी अपनी कविता में इस पर्वत को अविस्मरणीय कर दिया। शृंखलाबद्ध (Linked Poems) के प्रथम संग्रह ग्रन्थ[३] का नामकरण इसी पर्वत के नाम पर किया गया। सच ही, ऐसा है इस पर्वत का सौन्दर्य, कि विरला कवि ही 'वाका' (तांका छन्द का पूर्व-रूप) अथवा 'हाइकू' छन्द में रचित अपनी कविता द्वारा इसका अभिवन्दन किये बिना आगे बढ़ पाया होगा।

---

१. दानसेत्सु (१६५४-१७०७) इदो (आज का तोक्यो) का एक छोटे स्तर का समुराई और कवि, जो बाशो का शिष्य था।

२. यामातोताकेरु जापान का एक राजकुमार, जो सम्भवतः जापान के बारहवें सम्राट 'केइको' का पुत्र था। वह अपने उदात्त साहस के लिए प्रसिद्ध था। यहाँ बाशो का संकेत 'कोजिकी' संग्रह ग्रन्थ में संकलित उसकी एक चर्चित कविता से है।

३. शृंखलाबद्ध कविताओं का पहला संग्रह-ग्रन्थ 'त्सुकुबा शु' (१३२६ ई.), इसे निजो योशीमोतो (१३२०-१३८८) ने प्रकाशित किया था।

मेरे चारों ओर सिरपेंचा (bush-clover) के पुष्पों का सागर-सा लहराता हुआ। मुग्ध भाव से उन्हें निहारते हुए, मैं तामेनाका[1] की सराहना किये बिना न रह सका, जिसके बारे में प्रसिद्ध है कि वह सिरपेंचा की टहनियाँ, स्मृति-स्वरूप, क्योतो तक अपने सफ़री असबाब में ढोकर ले गया। सिरपेंचा के बीच और भी, क़िसिम-क़िसिम के, छोटे-बड़े जंगली फूल खिले हुए—आपस में गुत्थमगुत्था करते हुए से। वन्य मृगों की आवाज़ें, सम्भवतः उनकी अपनी सहचरियों को सम्बोधित पुकारें, यदा-कदा सुनायी दे जातीं और दिखायी दे जाते घोड़ों के झुण्ड, घास को रौंदते, अपनी गर्वोन्नत धज के साथ।

रात घिरने से कुछ पहले हम 'तोने' नदी के तट पर बसे 'फुसा' कस्बे पहुँचे। वहाँ के मछुआरे खपचियों के बने जाल नदी में फैला कर सायन मछलियाँ पकड़ते हैं और इदो के बाज़ारों में ले जाकर बेचते हैं। उन्हीं में से एक मछुआरे की झोपड़ी में हम ठहरे और मछलियों की बिसाइँध के बीच आँख झपकाई। फिर जाग कर एक नौका किराये पर ली और चटख चाँदनी में नौका-विहार का आनन्द लेते हुए पहुँच गये अन्ततः काशिमा देवस्थली।

अगले दिन, दोपहर-बाद बारिश शुरू हो गयी। कोई उपाय नहीं पूर्णचन्द्र को उदित होते देखने का। बताया गया कि कोम्पोंजी देवालय के पूर्व-पुरोहित वहीं पहाड़ी की तलहटी में एकान्तवास करते हैं। अतः मैं उनसे मिलने गया और एक रात वहाँ रुकने की अनुमति भी मिल गयी। उन पुरोहित महाराज की कुटिया में ऐसी प्रशान्ति थी, कि एक प्राचीन कवि के शब्दों में 'मनन-प्रार्थना का एक गहरा भाव' उसने मेरे अन्दर जगाया, और कम-से-कम क्षण-भर के लिए पूर्ण चन्द्रोदय को न देख पाने की क्षुब्ध करने वाली अनुभूति को मैं भूल गया। तथापि प्रत्यूषवेला से थोड़ा पहले, घिरे मेघों की दरारों में से चन्द्रमा ने अपनी प्रभा बिखेरनी शुरू की। मैंने अविलम्ब पुरोहित महाराज को जगाया। कुटी के अन्य लोग भी उनका अनुगमन करते हुए शैया छोड़ कर प्रस्तुत हो गये। लम्बी अवधि तक हम परमशान्ति की अवस्था में, मेघों को भेदने को प्रयत्नरत शरच्चन्द्रिका को

---

१. ताचीबाना-नो-तामेनाका उत्तर हेइयान (Heian) काल का एक कवि, जो १०८५ ई. तक जीवित था। इस प्रसंग का उल्लेख बाओ-नो-चोमेई (११५३-१२१६) ने 'मुमयोशो' (Mumyosho) में किया है।

निहारते और बारिश की झड़ी का स्वर सुनते बैठे रहे। यह निश्चय ही खेदजनक था कि मात्र चन्द्रमा का धुँधला प्रतिबिम्ब देखने के लिए इतना लम्बा रास्ता तय करके मैं यहाँ आया। किन्तु उस विख्यात महिमामयी[1] को याद करके, जिसने कोयल का स्वर सुनने के लिए लम्बा मार्ग पार किया था और वापसी तक एक भी कविता नहीं रच पायी, स्वयं को सान्त्वना दी।

इस अवसर पर हम सबने जो कविताएँ रचीं, वे ये हैं :

मौसम के बावजूद
चाँद एक जैसा चमकता है,
तिरते बादल ही हैं, जिनकी वजह से
अलग-अलग रातों में
अलग-अलग रूपों में दिखायी देता है वो। (पुरोहित-रचित)

× ×

सत्वर चन्द्रमा
आकाश के इस छोर से उस छोर तक,
नीचे, दरख़्तों की फुनगियाँ
बूँद-बूँद टपकती हुईं, वर्षा के साथ।

× ×

देवालय में सोते हुए
धीर-गम्भीर दृष्टि से
निहारा मैंने चाँद को। (तोसेई[2]-रचित)

× ×

बारिश में सोते हुए
बाँस के झुरमुट ने
स्वयं को सहेजा
कि चन्द्र-दर्शन कर पाये। (सोरा[3]-रचित)

× ×

---

१. यहाँ बाशो का संकेत सेइ शोनागोन से है। उसने अपनी आत्मकथा 'माकुरानो-सोशी' में इस प्रसंग का उल्लेख किया है।

२. बाशो का पूर्व कवि-नाम

३. सोरा (१६४९-१७१०) शिनानो (नगानो प्रान्त में) का निवासी और बाशो का सहयात्री। उसने बाशो के यात्रा-वृत्तों से सन्दर्भित 'जुइको-की' नामक पुस्तक भी लिखी।

कितना विषादमय है
चाँद को निहारना वर्षा के मध्य—
ओरौंती (ओलती) की टप्-टप् सुनते हुए! (सोहा[१]-रचित)

× ×

काशिमा देवस्थली में रची गयी कविताएँ :

प्राचीन देवताओं के युग में
पौधा-भर रहा होगा
यह देवतरु। (तोसेई-रचित)

× ×

आओ हम पोंछ दें
मन्द अनुताप में/जमे हुए तुहिनकण
पावन शिला पर। (सोहा-रचित)

× ×

देवस्थली के सम्मुख
मृग भी झुक जाते हैं।
उपासना के लिए,
करुण स्वर को उभारते हुए। (सोरा-रचित)

एक कृषि-क्षेत्र में रची गयी कविताएँ :

निस्संग क्रौंच एक
अधपके धनखेत में,
शरद गहरा रहा है इस गाँव में। (तोसेई-रचित)

× ×

ग्राम के ऊपर, इस चन्द्रालोक में
हाथ बँटाने दो मुझे
चावल की फसल में जुटे किसानों का। (सोहा-रचित)

× ×

एक कृषक बालक,
छिलके उतारता हुआ चावल के,

---

१. सोहा सम्भवतः इदो (तोक्यो) के ज्योरिंजी देवालय का प्रधान पुरोहित था।

हाथ रोक लेता है
चाँद को निहारने।

× ×

पत्तियाँ आलू की
राख-राख धरती पर,
प्रतीक्षा करता रहा मैं पंजों बल उठना
चाँद के उगने की। (तोसेई-रचित)

एक मैदान में रची गयी कविताएँ :

भड़कीले रंग में
रँग जायेगा मेरा पाजामा
पूरे उरूज में खिले-खिलखिलाते
सिरपेंचा फूलों से।

× ×

अधबीच शरद में
छोड़ दिये गये हैं घोड़े, चरने को;
जब तक कि अफर कर
पसर न जायें पुष्पित तृणावर्त पर। (सोरा-रचित)

× ×

सिरपेंचा के फूलो,
कृपा करो आश्रय देने की
पहाड़ी कुत्तों के इस यूथ को
कम से कम रात-भर को।

घर-वापसी के दौरान हम जिजुन[१] के घर पर ठहरे। वहाँ लिखी गयी कविताएँ :

गौरा मित्रो,
सोओ, यदि सुकर हो,
घर में लगे घास के ढेर पर। (आतिथेय-रचित)

× ×

१. जिजुन (१६२३-९७) इदो का एक वैद्य, जो बाशो की इस यात्रा के दौरान इत्ताको में एकान्तवास कर रहा था।

देवतरुओं की सघन पर्णावली से घिरी
खड़ी है तुम्हारी कुटी, शरद-सगर्भा। (अतिथि-रचित)

× ×

चल पड़े हम चन्द्र-दर्शन की यात्रा पर
रुकने को आवाज़ देते एक नौका को—
नदी में बिहरती। (सोरा-रचित)

(पच्चीसवीं तारीख़ अगस्त की, ज्योको[१] का चौथा वर्ष)

---

१. सन् १६८७ ई.

विशेष : इस यात्रा-वृत्त में बाशो ने सर्वत्र कवि-रूप में अपना पूर्वनाम 'तोसेई' दिया है। इसका कारण अस्पष्ट है। (अनुवादक)

लेखा सफ़री झोले का

मेरे इस नश्वर ढाँचे में, जो सौ अस्थियों और नौ रन्ध्रों से निर्मित है, कुछ है, और इस कुछ को किसी बेहतर नाम के अभाव में वायु-नियन्त्रित जीवात्मा कह सकते हैं। वायु-नियन्त्रित इसलिए कि यह एक पतले पर्दे के जैसा है और वायु के हल्के-से हस्तक्षेप से अस्त-व्यस्त हो उठता है। मेरे भीतर के इस कुछ ने वर्षों पूर्व कविता रचना शुरू किया, प्रारम्भ में मात्र स्वयं के मन-बहलाव के लिए, किन्तु अन्ततः आजीवन कार्य-व्यापार के रूप में। तथापि, स्वीकार करना होगा कि ऐसे दौर आये जब यह इतना विषादग्रस्त हुआ कि लगभग लक्ष्य-विमुखता के बिन्दु तक पहुँच गया, अथवा पुनः वही दौर, जब वह उमंग और उछाह से इतना अधिक भर उठा कि औरों पर वृथा विजय से फूला ना समाया। वस्तुतः जब से इसने काव्य-रचना शुरू की, शान्ति के क्षण इसे कभी सुलभ नहीं हुए—सदैव किसी-न-किसी प्रकार के सन्देहों-संशयों के बीच झूलते रहना। एक समय इसने एक राज-दरबार से जुड़ कर, उसे अपनी सेवाएँ अर्पित कर सुरक्षा अर्जित करनी चाही, एक और समय अपने अज्ञान की थाह लेने के लिए विद्यार्जन का विचार मन में आया, किन्तु हर बार कविता के प्रति अपनी अशमनीय प्रीति के कारण इसे अपने निर्णय बदलने पड़े। तथ्य यह है कि काव्य कला के अतिरिक्त इसे कोई अन्य कला नहीं आती, इसलिए कमोबेश, बिना कुछ सोचे-विचारे उसी से लटका रहता है।

परम्परागत कविता में साइग्यो[१], शृंखलाबद्ध छन्द (linked verse) में

१. इसका उल्लेख 'मौसम की मार झेलते एक अस्थिपंजर का लेखा' में आया है। वहाँ देखें।

सोगी[१], कला में सेस्शू[२], चाय-अनुष्ठान में रिक्यू[३], और वस्तुतः वे सभी जिन्होंने किसी भी कला में सच्ची श्रेष्ठता अर्जित की है, उन सभी में एक चीज़ समान है, वह है प्रकृति का अनुसरण, वर्ष के चारों मौसमों के दौरान प्रकृति से एकरूप रहना। ऐसा कोई मानस फूल के अतिरिक्त और कुछ नहीं देखता, चन्द्रमा के अतिरिक्त उसके स्वप्न में और कुछ नहीं आता। सिर्फ़ एक बर्बर मानस ही फूल के अतिरिक्त कुछ अन्य देखता है, सिर्फ़ एक पशु-मानस में ही चन्द्रमा के अतिरिक्त और कोई सपना आता है। अतः कलाकार के लिए पहला पाठ यह सीखना है कि प्रकृति का अनुसरण करने, उससे एकरूप होने के लिए इस प्रकार की बर्बरता और पशुता से कैसे उबरा जाय।

शुरू अक्तूबर के दिन थे। आसमान जब बुरी तरह अनिश्चित और सन्दिग्ध था, मैंने यात्रा पर निकलने का निश्चय किया। शरत् की झरी हुई पत्तियों को हवा द्वारा उड़ा ले जाते हुए देखकर अपनी यात्रा के भविष्य को लेकर धुँधली आशंकाओं से मैं स्वयं को बचा नहीं पाया।

आज के दिन से आगे
मैं एक सनकी कहा जाऊँगा,
बौछारें शुरू होने के मध्य
इस तरह यात्रा पर निकल पड़ने के लिए।

× ×

पुनः सोओगे तुम रातों में
कामेलिया के पुष्पों के मध्य सुख की नींद।

इनमें से दूसरी कविता इवाकी के रहवासी चोतारो[४] ने किकाकु[५] के आवास

---

१. सोगी (१४२१-१५०२), इस काव्यधारा के श्रेष्ठतम कवि के रूप में विख्यात। इसने 'शिन्सेन त्सुकुबा शू' नाम के संचयन का सम्पादन किया।

२. सेस्शू (१४२०-१५०६), ओकायामा प्रिफेक्चर के बिज़ेन ग्रामांचल का निवासी, मुरोमाची काल का सर्वश्रेष्ठ कलाकार। इसने अत्यन्त जीवन्त एवं सशक्त तूलिकाघातों से प्रकृति की श्वेत-श्याम छवियाँ उकेरीं।

३. रिक्यू (१५२२-९१), मुरोमाची काल का, चाय-अनुष्ठान का सर्वश्रेष्ठ विशेषज्ञ)

४. चोतारो, सामन्त रोसेन की सेवा में तैनात, एक समुराई, जिसके जन्म और मृत्यु के वर्ष का ठीक-ठीक ज्ञान नहीं है।

५. किकाकु (१६६१-१७०७) बाशो का पट्ट शिष्य था।

पर स्वयं द्वारा आयोजित मेरे विदाई समारोह के अवसर पर मुझे प्रोत्साहित करने के उद्देश्य से रची थी।

अभी शीत ऋतु है, किन्तु
वसन्त जब आयेगा,
होंगे तुम्हारी पोटली में
चेरी के फूल योशिनो के।

सामन्त रोसेन[१] की यह कविता नितान्त शिष्ट और सौम्य उपहार थी। उसके उदाहरण का अनुसरण करते हुए मेरे अन्य मित्र, सम्बन्धी और शिष्य कविताओं, विदाई पत्रों के साथ मुझसे भेंट करने आये अथवा पुआल की चप्पलों के लिए मुझे धन भेजा। इस प्रकार, यात्रा की तैयारी की झंझट से मैं बच गया, जिसमें सामान्यतया, माना जाता है, तीन मास तक का समय लग जाता है। वस्तुतः यात्रा के लिए जिन-जिन वस्तुओं की मुझे आवश्यकता थी, वे सभी तथा भरे जाड़े में गरमाहट देने के लिए काग़ज़ी बरसाती, रुइहा चोगा, हैट, मोज़े इत्यादि वस्तुएँ मुझे मेरे मित्रों ने भेंट कीं और जिस प्रकार नौकागोष्ठियों, मित्रों के घर आयोजित भोजों में मुझे आमन्त्रित किया गया, अथवा मेरी अपनी कुटिया में ही विदाई गोष्ठियाँ आयोजित की गयीं कि मैं भोजों की भव्यता और धूमधाम का अनजाने ही अभ्यस्त हो गया और लगभग इस भ्रम का शिकार भी कि कोई महत्त्वपूर्ण व्यक्ति किसी यात्रा पर निकल रहा है।

यात्रा के दौरान डायरी लिखने की कला प्राचीन काल से लोकप्रिय रही है। सामन्त की[२], चोमेई[३] तथा मठवासिनी अबुत्सु[४] जैसे महान् लेखकों ने इसे

---

१. रोसेन (१६५५-१७३३), इवाकी प्रान्त के अन्तर्गत ताइरा का सामन्त था और उसका वास्तविक नाम नाइतो योशिहिदे था। काव्य-रचना में वह सोइन का शिष्य था।

२. की-नो-त्सुरायुकी (८५९-९४५), हेइअन (Heian) काल का महत्त्वपूर्ण कवि और 'कोकिन शू' का सम्पादक, जिसने राजदरबार की एक महिला के छद्म नाम से 'तोसा निक्की' नाम की डायरी लिखी।

३. कामो-नो-चोमेई (११५३-१२१६), कामाकुरा काल का एक पुरोहित, जिसने अपना अधिकांश जीवन एकान्तवास में बिताया और 'होजो की' नाम की डायरी लिखी।

४. अबुत्सु (१२२८-१२८३), फुजीवारा-नो-तोमेई (११९८-१२७५) की दूसरी पत्नी, जिसने अपना वैधव्य जीवन एक मठवासिनी के रूप में बिताया। क्योतो से कामाकुरा की यात्रा का वृत्तान्त उसने 'इजायोई निक्की' नाम से डायरी फॉर्म में लिखा।

उत्कृष्टता तक पहुँचाया। इस विधा में बाद में जो भी काम हुआ, वह कुल मिलाकर इन महान् लेखकों के अनुकरण से कुछ ही भिन्न है। मेरी लेखनी, अक़्लमन्दी में कमतर होने तथा ईश्वरीय प्रतिभा से वंचित होने के कारण, उनकी बराबरी तक पहुँचने के लिए हाथ-पैर तो बहुत मारती है, किन्तु वह व्यर्थ ही है। मिसाल के तौर पर, यह दर्ज करना कि अमुक-अमुक दिन सुबह बारिश हो रही थी, किन्तु अपराह्न में मौसम अच्छा था, अथवा अमुक स्थान पर देवदार का एक दरख़्त था, या कि अमुक स्थान पर एक नदी मिली, जिसका नाम अमुक है, बहुत आसान है, क्योंकि हरेक व्यक्ति अपनी डायरी में ऐसे ब्योरे दर्ज करता है, किन्तु यदि उनमें कोई मौलिक या आकर्षक तत्त्व नहीं है, तो उनके उल्लेख का कोई अर्थ नहीं। मेरी डायरी में पाठकगण यात्रा के दौरान की घटनाओं और किसी-न-किसी रूप में मन में ठहरे रह गये दृश्यों का बेतरतीब अंकन लक्ष्य करेंगे—जैसे कि पहाड़ों की गोद में कोई एकाकी घर, अथवा बीहड़ों के बीच एक अकेली पान्थशाला। इन विवरणों को मैंने इस आशा से लिपिबद्ध किया कि शायद वे मेरे पाठकों में किसी प्रीतिकर चर्चा की प्रेरणा जगायें और उसी मार्ग से यात्रा करने वालों के लिए किसी रूप में उपयोगी हों। तथापि मैं स्वीकार करूँ कि मेरे ब्योरे उत्तेजक बकवाद और स्वप्न देखते समय की असम्बद्ध बातों से कुछ अधिक और अलग हैं। अत: पाठकों से अनुरोध है कि वे इन्हें उसी रूप में लें।

रात-भर मैं नारुमी में रुका—
सागरपाखियों के स्वरों ने
आमन्त्रित किया मुझे
तारों से आलोकित अन्तरीप के
अंधकार में निहारने को।

पान्थशाला के आतिथेय ने बताया कि सामन्त आसुकाई मासाकी[१] एक बार क्योतो से कहीं जाते हुए यहाँ ठहरे थे और अपने पीछे अपनी स्वयं की हस्तलिपि में यह कविता छोड़ गये थे :

मैं जब खड़ा हूँ एकाकी
नारुमी के पुलिन पर,

---

१. आसुकाई मासाकी (१६११-७९), इदो काल का एक कवि। उसकी एक प्रसिद्ध उक्ति है : 'कविता रचते समय सीधे अपने हृदय से बोलो!'

इस तरह अनुभव कर रहा हूँ सागर का विस्तार
कि लगभग काटे दे रहा है मुझे
प्राचीन राजधानी से

स्वयं मैंने लिखा :

प्राचीन राजधानी के
मात्र आधे रास्ते तक मैं आया
और मेरे सिर पर तने हैं
हिम-बोझिल मेघ।

मैं तोकोकु[१] से भेंट करने जाना चाहता था। उनकी कुटी मिकावा प्रान्त के होबी ग्रामांचल में है। एत्सुजिन[२] को मैंने पहले भेज दिया, तदुपरान्त हम लोगों ने प्रस्थान किया। होबी की दिशा में कोई २५ मील की दूरी तय की होगी कि योशिदा की एक पान्थशाला में ठहरना पड़ा।

ठण्ड थी इतनी, कि
एक ही कक्ष में
साथ-साथ सोते हुए
सुरक्षित अनुभव किया हमने स्वयं को।

सागर के तीख़े झकोरों को झेलते हुए अमात्सु नवाते में, धान-खेतों के बीच से होकर गुज़रते, एक संकुल-सर्पिल पथ को पकड़ मैं आगे बढ़ा।

धूप में,
जाड़े के एक ठिठुरते दिवस की,
मेरा अवशेष जम कर अकड़ गया था
घोड़े की पीठ पर।

होबी से इरागो अन्तरीप कोई एक मील के फ़ासले पर है। मिकावा प्रान्त से ज़मीनी रास्ते से उस तक पहुँचा जा सकता था, किन्तु 'इसे' प्रान्त से होकर जाने में समुद्र पार करना होता था और मार्ग में इसे के कुछ वे दृश्य भी पड़ते थे, जिन्हें मान्योशू[३] के एक कवि ने काव्यबद्ध किया है। पुलिन से मैंने कुछेक

---

१. इसका उल्लेख क्रमानुसार पहली यात्रा में हो चुका है। वहीं देखें।

२. एत्सुजिन (१६५६-?), नागोया का एक रँगरेज और बाशो का सहयात्री।

३. 'मान्योशू', बीस खण्डों में समाहित, जापानी कविता का पहला महत्त्वपूर्ण संकलन। इसमें जापान के सोलहवें सम्राट निन्तोकु से छियालिसवें सम्राट कोकेन तक चार

स्फटिक चुने। इरागो के ये सफ़ेद पत्थर 'गो' खेलों (जापान का एक प्राचीन इंडोर खेल) में प्रयुक्त होते थे। पश्चवर्ती हनीयामा पर्वत बाज पक्षियों के लिए प्रसिद्ध था। यह दक्षिणी अन्तरीप उन स्थानों में गिना जाता था, जहाँ हर वर्ष समय से बहुत पहले बाज आ जाते थे। मैं बाज सम्बन्धी प्राचीन कविताएँ स्मरण करने की उधेड़बुन में लगा ही हुआ था कि—

भाग्य के अकेले एक
हल्के स्पर्श से दिखायी दिया मुझे
एक एकाकी बाज, मँडराता हुआ
इरागो अन्तरीप के ऊपर।

आत्सुता देवस्थली अभी निर्माणाधीन थी।

एक हल्का धब्बा तक नहीं
चिकनी सतह पर
दिव्य शीशे के,
हिमपुष्पों से प्रांजल।

अल्प-विश्राम के लिए मैं आत्सुता देवस्थली के पश्चवर्ती नागोया नगर में आमन्त्रित था।

निश्चय ही होगा वहाँ
कोई-न-कोई, पार करता हुआ
हाकोने घाटी
इस बर्फ़ीली सुबह में।

मैं एक गोष्ठी में बुलाया गया।

दबाव डाल-डाल कर फैलाते हुए
अपने कोट की सलवटें,
चल पड़ा मैं पैदल-पाँवों
सम्मिलित होने एक हिम-दर्शन टोली में।

× ×

हिम-सदृश ही गहन और गूढ़ है,
चलता ही रहूँ जितनी दूर तक चल सकूँ
जब तक कि लड़खड़ा कर गिर न पड़ूँ,

← शताब्दियों से अधिक अवधि में फैले, शासन कालों में लिखी गयी कविताएँ संकलित हैं। 'मान्योशू' के पहले खण्ड में इरागो अन्तरीप के सन्दर्भ हैं।

धवल भू-दृश्य-दर्शन।

मित्र के घर में एक अतिथि कवि के रूप में आमन्त्रित था।

तलाशते हुए ख़ुशबू
पकते आलूचों की,
पाया उसे मैंने एक भरेपूरे
भण्डारघर की गुफ़ाओं के निकट।

नागोया में अपने टिकान के दौरान, ओगाकी और गिफ़ू से आये मित्रों के साथ मैंने बहुत-सी लम्बी और छोटी, शृंखलाबद्ध छन्द की कविताएँ रचीं। किसी तरह, दिसम्बर की दसवीं तारीख़ के कई दिन बाद मैंने नागोया छोड़ा और अपने जन्म-ग्राम की दिशा में अभिमुख हुआ।

एक निकम्मा दिन गुज़ारते हुए
एक पान्थशाला में, देखा लोगों को
अपने घरों की झाड़पोंछ करते
साल के अन्त में।

हिनागा ग्रामांचल में, जहाँ, कहते हैं, एक प्राचीन कवि[१] ने, कुआना से आते हुए, स्वयं को भूख से लगभग दम तोड़ते पाया, मैंने एक घोड़ा किराये पर लिया और त्सुए-त्सुकी-ज़ाका दर्रे की खड़ी ढाल पर चढ़ना शुरू किया। इस दर्रे का स्थानीय नाम 'छड़ी के सहारे पार किया जाने वाला दर्रा' भी है। मुझे चूँकि घुड़सवारी का अभ्यास नहीं, एक जगह मैं घोड़े से गिरा भी—ऐसा झटका लगा कि काठी समेत मैं नीचे आ रहा।

पार किया होता दर्रा मैंने
छड़ी के सहारे, तो
ख़ुद को बचा लिया होता
घोड़े पर से गिरने से।

गिरने से जो अवसादजनक भाव उमड़े, उनकी गिरफ़्त में मैंने तुरन्त यह कविता रच डाली। किन्तु पाया कि यह ऋतुनिष्ठ शब्द से रहित है।

घर लौटते हुए अन्ततः
साल के अन्त में

---

१. यहाँ बाशो का संकेत सोगी से है। सोगी का उल्लेख इसी यात्रा-वृत्त में पीछे आ चुका है। कुआना से सन्दर्भित सोगी की कविता साइकाकु ने अभिलेखित की है।

रो पड़ा मैं
अपने नाभि-नाल के लिए।

बीतते साल से अलग होने की अनिच्छावश, दिसम्बर की अन्तिम तारीख़ में, मैं देर रात तक पीता रहा। लम्बी नींद के बाद जब जागा, तो नये साल का पहला दिन आधे से अधिक बीत चुका था।

दूसरे दिन, कम से कम,
जल्दी उठूँगा मैं
अगवानी करने को
पुष्पित वसन्त की।

शुरू वसन्त के दृश्य :

अभिनव वसन्त!
आयु लोक की अभी
मात्र नौ दिवस—
ये खेत, मैदान, पहाड़!

मस्त वासन्ती समीर
एक अथवा दो इंच की
नन्ही लहरियों में—
तिरता हुआ शीत-ठिठुरी घास पर।

इगा प्रान्त के आवा ग्रामांचल में प्रधान पुरोहित शुंजो[१] के बनवाये देवालय के भग्नावशेष। इस देवालय को गोहोज़ान शिंदाइयुत्सुजी नाम से जाना जाता रहा है। अब अकेला यह लम्बा नाम ही इसके गौरवपूर्ण अतीत का साक्षी बचा था। मुख्य सभाभवन, नींव को छोड़ कर, पूरी तरह नष्ट हो चुका और पुरोहितों के आवास धान के खेतों में समाहित हो गये। बुद्ध की आदमक़द मूर्ति, मूल रूप में छह फीट ऊँची, हरी काई से ढकी हुई— दिव्य मुखमण्डल को छोड़ कर, जो पूर्ववत् ही अपनी आभा बिखेर रहा था। देवालय के संस्थापक का बुत सीधा खड़ा था, किन्तु खण्डहरों के बीच उसे देख कर तरस आता था, जहाँ कुश-काँस आदि घास-फूस ने

१. शुंजो (११२१-१२०६), जो चोगन के नाम से अधिक लोकप्रिय रहा। उसके जीवन का सबसे महत्त्वपूर्ण कार्य नारा स्थित तोदाहजी मन्दिर में दाइबुत्सु गुहा का पुनरुद्धार कराना था।

ख़ाली और सूने पड़े प्रस्तर चबूतरों और पीठिकाओं पर आसन जमा लिया हो! साल के वे दो पवित्र वृक्ष भी, जो कभी इस मन्दिर का गौरव बढ़ाते थे, ठूँठ हो चुके थे।

उतनी ही ऊँची लगभग
जितनी की विशीर्ण मूर्ति,
झिलमिलाती हुई उत्तम हवा
पाषाणी नींव से।

× ×

अनेक स्मृतियाँ विगत की
उमड़ती हुई मानस में,
खड़ा हूँ जब मैं उद्यान में
निहारता हुआ चेरी का वृक्ष।

इसे–यामादा देवस्थली के दर्शन भी मैंने किये, वहाँ जाकर।

न जानते हुए
नाम उस तरु का,
खड़ा रहा मैं प्रवाह में
उसकी मधुर सुरभि के।

× ×

कुछ अधिक ही ठिठुरन है
कि उघारे हुआ जा सके
इस तूफ़ानी हवा में
फ़रवरी की।

बोदाइसान में :

अवगत कराओ मुझे एकाकीपन से
इस परित्यक्त पर्वत के,
ओ बूढ़े किसान
खोदते हुए जंगली आलू।

अपने मित्र र्‌यु शोशा[१] से मिलने पर :

---

१. र्‌यु शोशा (१६१६–१६९३), इसे–देवस्थली का एक पुरोहित और अपने समय का एक माना हुआ विद्वान।

'शेष सब कुछ से पहले बताओ मुझे
इस वनस्पति का नाम,'
कहा मैंने उस कृतविद्य से
कोंपलों की ओर संकेत करते।

मैं आजिरो मिन्बू[१] के पुत्र सेत्सुदो से मिला :

खिले एक टहनी पर
ख़ूबसूरत फूल
फूटी जो
आलूचा के वयोवृद्ध वृक्ष पर।

मैं एक आश्रम में आमन्त्रित था :

आलू के खेतों से घिरा
खड़ा है प्रवेशद्वार,
आधा दबा हुआ
कुत्ता घास की हरी पत्तियों से।

हैरत हुई कि इसे—देवस्थली के पवित्र परिसर में आलूचा का एक दरख़्त भी नहीं! पुरोहित ने बताया, 'बस, यूँ ही। कोई विशेष कारण नहीं इसका,' और यह कि एक दरख़्त पिछवाड़े है, जहाँ पवित्र कुमारियों के आवास हैं।

कितना उपयुक्त है
पवित्र कुमारियों के लिए
एक एकाकी वृक्ष
सुरभित आलूचे का!

× ×

अहोभाग्य मेरे
कि देख पाया
बुद्ध-निर्वाण का चित्र
इस पवित्र परिसर में!

मार्च आधा बीता, कि मैं योशिनो चल पड़ने की अपनी इच्छा को क़त्तई दबा नहीं पाया। मन ने कहा, चेरी के फूल वहाँ भरपूर गहगहा चुके होंगे।

---

१. आजिरो मिन्बू (१६४०-१६८३), इसे देवस्थली का एक पुरोहित। उसका पुत्र हिरोकाज़ू (१६५७-१७१७) सेत्सुदो कवि-नाम से हाइकू रचता था।

इरागो अन्तरीप में भेंटे एक व्यक्ति[१] ने योशिनो तक मेरा साथ देने का वचन दिया था। 'इसे' में वह आ मिला। वह मेरे साथ भाँति-भाँति के दृश्यों का आनन्द लेने को उत्सुक था और यात्रा के दौरान मेरे सेवक का दायित्व वहन करने को भी। उसने अपना नाम बदल कर मांगिकु-मारु कर लिया, जो मुझे, उसमें से फूटती बाल्यसुलभ गन्ध के कारण अत्यधिक पसन्द आया। हमने अपनी योशिनो-यात्रा का अनुष्ठान अपने हैटों पर यह वाक्य लिख कर किया—"इस अखिल ब्रह्माण्ड में हमारा कोई स्थायी आवास नहीं—दो घुमक्कड़ों की एक टोली।"

एक पल, बस, एक पल,
मैं तुम्हें दिखाऊँगा
योशिनो के फूलों-लदे चेरी वृक्ष,
ओ मेरे सरू के हैट!

एक पल, बस, एक पल,
ओ मेरे सरू के हैट,
मैं तुम्हें दिखाऊँगा
योशिनो की चेरियाँ भी!

—मांगिकु-मारु द्वारा लिखित

मेरा मानना है कि यात्रा के दौरान हल्का-फुल्का रहना चाहिए, अतः बहुत-सी चीज़ें मैंने फेंक दीं। तब भी कुछ ख़ास चीज़ें तो मुझे अपनी पीठ पर ढोनी ही थीं— जैसे एक बरसाती, एक रुइहा चोगा, एक इंक स्टोन, एक कूँची, लिखने के काग़ज़, दवाएँ, एक भोजन-टोकरी। और इन चीज़ों का ही बोझ मेरे लिए बहुत था। मेरी चाल इतनी धीमी थी कि अपने लटपटाते घुटनों पर सामर्थ्य-भर अधिक-से-अधिक ज़ोर डाल कर डगमग चाल चलता, तो गहरे अवसाद से भर उठता।

चलते-चलते थक कर
शरण ली मैंने एक पान्थशाला में,
हल्के बैंजनी फूलों ने
भर लिया मुझे सुखद आलिंगन में।

---

१. यहाँ बाशो का संकेत तोकोकु (?-१६९०) से है। इसका उल्लेख पहली यात्रा में आ चुका है।

हात्सुसे में :

एक व्यक्ति
साधना-लीन बैठा हुआ
मन्दिर के एक कोने में
वसन्त ऋतु की एक रात।

× ×

पुरोहितगण विचरण करते हुए
ऊँचे तले वाले खड़ाऊओं में
चेरी के फूलों पर होती
बारिश के बीच।

—मांगिकु द्वारा रचित

काज़ुराकी पर्वत पर :

इस पर्वत पर विराजते हे देवाले,
इतनी कृपा करोगे क्या मुझ पर
कि देख पाऊँ तुम्हारी मुखाभा
प्रभातवेला के पुष्पों के मध्य?

मिवा और ताफू पर्वतों के दृश्य-दर्शन के उपरान्त, मैंने खड़ी ढाल वाले होसो दर्रे का आरोहण किया।

चण्डूल से भी अधिक प्रबलतापूर्वक
किया मैंने आकाश-आरोहण
दर्रे की चोटी पर
दम लेते हुए।

प्रहरी-द्वार[१] प्रपात पर :

बौर लदी एक टहनी
प्रहरी-द्वार पर
उत्तम उपहार होगी
मद्यपों के लिए।

× ×

प्रफुल्लित हो सुनेंगे मद्यप

---

१. जापानी नाम 'र्‍युमोन'

मुझसे, इस पुष्पों-मंजरियों के
सेतु के बारे में, तना है जो
प्रपात के आर-पार।

निजिक्को में :

एक के बाद एक
निश्शब्द झरते
पीले गुलाब के फूल—
धड़ाम-धड़ाम गिरते पानी का शोर।

सेइरेइ, फुरु, नुनोविकी तथा मिनो प्रपातों को देखने भी मैं गया। इनमें से दूसरा फुरु देवस्थली से, आधा मील से कुछ कम फ़ासले पर है और अन्तिम, कचिओ देवालय के रास्ते में पड़ता है।

चेरी के फूल :

पाँच से छह मील
रोज़ मैं चलता हूँ
खोजता हुआ तुम्हें,
ओ चेरी के फूलो!

× ×

चेरी के फूल
गहरे अँधेरे से घिरते जा रहे
आकाश के नीचे,
और उनके मध्य एक उदास
पौधा 'आसुनारो[१]' का।

× ×

पंखे से अपने
प्याले का काम लेते हुए,
पीने का स्वाँग भरा मैंने
छितराये चेरी के नीचे।

काईयुक्त शैल से फूटते एक पारदर्शी झरने को देख कर :

---

१. एक ख़ास जापानी पौधा, जिसके पुष्प साँझ घिरते ही मुँद जाते हैं और अगली भोर फिर मुस्कुराने लगते हैं।

वासन्ती वर्षा
पैठी होगी
पत्तियों से होकर
भरण-पोषण करने इस पारदर्शी झरने का।

योशिनो में तीन दिन के टिकान के दौरान, दिवस के भिन्न-भिन्न प्रहरों में चेरी-पुष्पों की छटाएँ देखने का सुयोग जुटा—भोर में, विलम्बित संध्या में, अथवा आधी रात बीते, जब अस्तंगत चन्द्रमा प्रभाहीन होता है। उन दृश्यों से अभिभूत होते हुए भी एक कविता तक मैं नहीं रच पाया। मन भारी था, क्योंकि रह-रहकर याद आ रही थीं मुझे सेस्शोको[१], साइग्यो, तेइशित्सु तथा अन्य प्राचीन कवियों की कविताएँ। इसीलिए, अपने मूल उद्देश्य की महत्त्वाकांक्षा के बावजूद, काव्योपलब्धि की दृष्टि से, इस यात्रा को मैंने निपट निरर्थ पाया।

कोया पर्वत पर :

पहाड़ों के बीच सुनते हुए
एक चेड़[२] का स्वर,
ललक उठा मन मेरा भावोच्छल प्रेम से
माँ के-पिता के

× ×

ये जहन्नुमज़ार मेरे बाल,
कितना नीचा दिखाया इन ने
छतनार चेरी के तले
पवित्रतम देवस्थली में!

—मांगिकु-लिखित

वाकानोउरा में :

परिचित हो पाया पूरी तरह
अनित्य वसन्त से, अन्ततः यहाँ—

---

१. सेस्शोको, फुजीवारा-नो-योशित्सुने (११६९-१२०६) का लोकप्रिय नाम। पूर्व-सम्राट गोतोबा ने उसे 'सेस्शो' (रीजेंट) के रूप में नियुक्त किया था। उसी से उसका यह लोकप्रिय नाम चलन में आया। योशिनो सन्दर्भित उसकी कविताएँ 'शिन कोकिन शू' में संकलित हैं।

२. चेड़, तीतर जैसा दिखता एक पक्षी—फेजेण्ट।

वाकानोउरा की
मुक्तमना खाड़ी में।

यह कविता मैंने सागर–विमुख किमीदेरा देवालय में लिखी।

बिवाइँयों से टीसती अपनी एड़ियाँ घसीटते हुए, साइग्यो की भाँति मैं रेंगता रहा। सारे समय मन में तेनर्‌यू नदी से जुड़े कष्टों की स्मृति घुमड़ती रही, और जब मैंने एक घोड़ा भाड़े पर लिया, तो उस प्रसिद्ध पुरोहित[१] की याद आयी, घोड़े के उछाल भरने पर खाई में जा गिरा था जो, और अपमानजन्य लज्जा से भर उठा था। तब भी, प्रकृति के अद्‌भुत सौन्दर्य, पर्वतों-सागरतटों के दुर्लभ दृश्यों अथवा प्राचीन मनीषियों के उन आश्रमों को देखना, जहाँ उन्होंने एकान्तवास किया, अथवा उस सबसे भी बढ़ कर ऐसे लोगों से मिलना, जिन्होंने स्वयं को पूरी तरह कलात्मक सत्य की खोज के लिए समर्पित कर दिया, अद्‌भुत रूप में आनन्दकारी था। चूँकि मेरा कहीं–कोई स्थायी घर नहीं था, धन बटोरने और तिजोरियाँ भरने में मेरी कभी–कोई रुचि नहीं रही, और चूँकि मैं निपट रिक्त–हस्त था, अतः मार्ग में लूट लिए जाने का मुझे कोई भय नहीं था। मैं निश्चिन्त भाव से चलता रहा, मानो किसी पालकी पर सवार चला जा रहा हूँ! उदर–क्षुधा को, सामिष विलासिता से दूर रह, रूखा–सूखा; कुछ भी खाकर शान्त कर लेता। कोई पूर्व–निर्धारित यात्रा–क्रम तो था नहीं, जिधर मन करता, उधर ही मुड़ चलता। मेरी एकमात्र इहलौकिक चिन्ताएँ ये रहतीं कि क्या रात में सोने के लिए कोई उपयुक्त ठीहा पा सकूँगा, और यह कि पुआल पादुकाएँ मेरे पैरों की ठीक–ठीक नाप की हैं तो ? पथ का प्रत्येक मोड़ मेरे लिए एक नया विचार लेकर आता और प्रत्येक सूर्योदय मुझे नये–टटके मनोराग सुलभ कराता। कलात्मक चारुता की हल्की से हल्की समझ वाले किसी व्यक्ति से मेरा सामना होता, तो आनन्द की सीमा न रहती। यहाँ तक कि जिन थके–चुके अड़ियल क़िस्म के लोगों से मैं लम्बे अरसे से नफ़रत करता आ रहा होता, कभी–कभार वे भी मेरी घुमन्तू यात्रा के दौरान प्रीतिकर सहयात्री साबित होते। वस्तुतः, मेरी यात्रा की महानतम विलासिताओं में से एक थी, कि खर–पतवार और झाड़ियों में छिपी कोई मनीषा, टूटी खपरैलों में दबी–अलक्षित किसी निधि, धरती में दबे किसी स्वर्णपुंज को खोज पाऊँ। और जब भी कोई ऐसा व्यक्ति मुझे मिला, बिना

---

१. सेइज़ान पन्थ का संस्थापक, पुरोहित शोकू (११७७–१२४८)।

चूके उसके ब्योरे मैंने सहेज लिये, इस हौंस से प्रेरित कि उन्हें अपने मित्रों को दिखा सकूँगा।

वसन्त के लिए वस्त्र बदलने का दिन आया।
किमोनो उतार दिया मैंने
कि हल्का अनुभव कर सकूँ,
अब उसे महज़ मेरी पीठ का
बोझा बढ़ाना था।

× ×

उतर आया मैं
योशिनो पहाड़ से, तो
मन हुआ
कि रुइहा चोग़ा अपना बेच दूँ।

—मांगिको द्वारा लिखी गयी

बुद्ध के जन्मदिन के शुभ अवसर पर मैं नारा में था। उसी दिन एक हिरनौटा ने जन्म लिया। इस संयोग ने इतना विस्मयाभिभूत किया कि अकस्मात् शब्द फूट पड़े :

किस दिव्य तर्क से ऐसा हुआ,
चकित हूँ
कि यह हिरनौटा भूमिष्ठ हुआ
बुद्ध के जन्मदिन पर।

शोदाइजी देवालय के संस्थापक गांजिन[1] के बारे में कहा जाता है कि जब वे समुद्री मार्ग से जापान आ रहे थे, तो इतना नमक उनकी आँखों में गया कि वे अन्धे हो गये; समुद्री यात्रा से जुड़ी सत्तर अलग-अलग तरह की मुसीबतें यद्यपि वे झेल ले गये थे। उनकी प्रतिमा को श्रद्धापूर्वक प्रणाम करने के उपरान्त मैंने लिखा :

अनुमति दो यदि मुझे,
प्रस्तुत हूँ पोंछने को सहर्ष
खारे आँसू तुम्हारी आँखों के
इन ताज़ा पत्तियों से।

---

१. चीनी पुरोहित चियेन-चेन (६८८-७६३), जिन्हें गांजिन के लोकप्रिय नाम से भी जाना जाता रहा। उन्होंने जापान में तेंदाई पन्थ की स्थापना की और नारा में तोशोदाइजी मन्दिर निर्मित कराया।

नारा में एक पुराने मित्र से बिछुड़ने का दिन आया :

ठीक जैसे किसी हिरन के सींग
शाखाओं में विभक्त हो जाते हैं,
वैसे ही, अनचाहे, मुझे भी जाना ही है
बिछुड़ कर मित्र से अपने।

ओसाका में एक व्यक्ति-विशेष के आवास पर :

बतियाना यूँ ही
किसी आइरिस फूल के बारे में,
घुमन्तू यात्रा का
अपना ही एक सुख है।

सुमा के समुद्रतट पर :

आसमान में चाँद,
लेकिन जैसे कोई अनुपस्थित हो,
समूचा नज़ारा ख़ाली-ख़ाली सा, बेमतलब—
सुमा में गरमियों के दिन।

× ×

चाँद का नज़ारा किया मैंने,
लेकिन कुछ था
कि मन नहीं भरा-
सुमा में गरमियों के दिन।

मध्य अप्रैल के दिन थे जब मैं सुमा-तट के भ्रमण पर निकला। आसमान में कुछ-कुछ बादल थे और चाँद शुरू गरमियों की एक छोटी रात में एक ख़ास तरह की ख़ूबसूरती लिए हुए था। पहाड़ हरियाली से ढके धुँधले नज़र आ रहे थे। जब मेरे मन में आया कि यह समय तो कोयल की पहली कुहुक सुनने का है, तभी सूरज की रोशनी ने पूर्वी क्षितिज को छुआ और जैसे ही उजाला गहराया कि दिखायी दीं उएनो पहाड़ियों पर गेहूँ की पकी बालियाँ—अपने ललछौं-भूरे रंग के साथ, और पोस्त के सफ़ेद फूलों के बीच यहाँ-वहाँ फैली-बिखरी मछुआरों की झोपड़ियाँ।

सूर्योदय वेला में देखे मैंने
मछुआरों के धूप-तपे ताँबई चेहरे

पोस्त के सफ़ेद
फूलों के बीच।

सुमा के तट पर तीन गाँव थे—हिगाशी-सुमा, निशी-सुमा और हामा-सुमा। तब भी, उनमें से किसी भी गाँव में वहाँ का अपना कोई विशिष्ट स्थानीय पेशा नहीं नज़र आया। एक प्राचीन कवि[१] के अनुसार, कभी इस तट पर नमक के बहुत-से खेत हुआ करते थे, सालों पहले वे उजड़ गये होंगे। वहाँ मैंने सूखने के लिए रेत पर फैलाई गयी 'किसुगो' जाति की छोटी मछली देखी। कुछेक ग्रामीण, जो देखने में मुश्किल से ही मछुआरे लगते थे, उन मछलियों की, कौओं से, रखवाली कर रहे थे, जो घात लगाये यहाँ-वहाँ मँडरा रहे थे। वे सभी ग्रामीण तीर-कमानों से लैस थे। हैरत हुई कि ये लोग बिना किसी हल्की-सी भी अपराध भावना के अब भी एक ऐसे क्रूर साधन का सहारा क्यों लिए हुए हैं। तभी मेरे मन में उस भीषण युद्ध[२] की स्मृति ताज़ा हो आयी, जो सुमा-तट के पीछे के पहाड़ों में लड़ा गया था। मेरे मन में उस प्राचीन युद्ध के स्थल को देखने की इच्छा जाग उठी, और मैंने तेत्सुकाई पहाड़ पर चढ़ना शुरू कर दिया। जो लड़का मेरे मार्ग-दर्शक की भूमिका निभा रहा था, उसे मेरा यह निर्णय पसन्द नहीं आया और उसने उसे टालने की हरचन्द कोशिश की। मैंने उसे यह कह कर फुसलाया, कि लौटने पर तुम्हारा रात का खाना मेरे जिम्मे रहा। लड़का मेरा अनुरोध मान गया और चल पड़ा। मुझे उसकी उम्र १६ वर्ष बताई गयी थी, लेकिन इस उम्र के दूसरे लड़कों से वह मुझे बहुत छोटा नज़र आया। वह आगे-आगे चल रहा था—कई मोड़ों वाले खड़े चट्टानी रास्ते पर बढ़ता, कई सौ फुट की चढ़ाई चढ़ता हुआ। अनेक बार वह फिसला भी, लेकिन हर बार किसी बाँस या वैसे ही किसी अन्य जंगली दरख़्त से लिपट कर अपने को बचा लेता। बेतरह हाँफता और पसीने से लहलोंट वह मेरा मार्ग-दर्शन करता रहा। निश्चय ही उस युवा गाइड के इस जोख़िम-भरे प्रयास का ही प्रतिफल था कि मैं मेघों के प्रवेश-द्वार तक पहुँच सका।

---

१. आरिहारा-नो-युकिहिरा (८१८-८९३), जिसका लोकप्रिय नाम चूनागोन था। उसकी एक कविता में सुमा-तट के नमक के खेतों का उल्लेख हुआ है।

२. यहाँ बाशो का संकेत सन् ११८४ में इची-नो ताती में लड़े गये उस युद्ध से है, जब मितामोतो-नो-योशित्सुने के नेतृत्व में सैन्य योद्धाओं की अपेक्षाकृत एक छोटी टुकड़ी ने, अप्रत्याशित आक्रमण करके हेइके राजवंश की विशाल सेना को बुरी तरह पराजित किया था।

एक मछुआरे के तीर की
तीख़ी नोक से बिंधी
सुनी मैंने चीत्कार
एक वन-कोकिला की।

× ×

स्वर कोकिला का जहाँ
सागर में प्रवाहित हुआ
भेदता हुआ समूचे आकाश को,
पाया वहाँ मैंने एक द्वीप

× ×

सुमा के मन्दिर में
तरुवर की छाँह में
सोचा, सुनी थी मैंने
एक प्राचीन बाँसुरी, अनवरत गूँजती।

रात का पड़ाव मैंने अकाशी में किया।

आखेट-पात्रों में निश्चिन्त लेटे,
उल्लसित हो रहे होंगे आक्टोपस
रात-भर के अपने हर्षातिरेक में
ग्रीष्मकालीन चाँदनी में नहाये।

प्रतिभा के अकेले एक आघात से एक प्राचीन लेखक ने इंगित किया होगा कि इस सागरतट पर आने का सबसे अच्छा मौसम शरत् का है, क्योंकि शरत्काल में एकाकीपन और एकान्त की दृष्टि से वहाँ का दृश्य-पट श्रेष्ठ-उत्कृष्ट मुझे लगा। इसके विपरीत यह सोचना मेरी एक असाध्य मूढ़ता थी, कि यदि शरत्काल में मैं यहाँ आया होता, तो कविता का आदर्श परिवेश मुझे सुलभ होता।

अवाजी द्वीप पानी की महज़ एक पतली पट्टी के पार पसरा है। मुख्य भूमि की ओर की पहाड़ी के वाम पार्श्व में सुमा-तट है और दायीं ओर अकाशी। मुझे वैसा ही एक दृश्य चीन के 'गो' और 'सो' के सीमान्त का याद आया।[१] अधिक विज्ञ कोई व्यक्ति होता, तो उससे मिलते-जुलते और भी

---

१. यहाँ बाशो का संकेत चीन के हुनान प्रान्त की तुङ्-तिङ्-हू झील से सन्दर्भित, चीनी कवि तू-फू की कविता से है।

बहुत-से दृश्य उसे याद आये होते।

पार्श्ववर्ती पर्वतों के बीच एक छोटा-सा ग्रामांचल था ताइ-नो-हाता। उसकी विशिष्टता यह थी कि मात्सुकाज़े और मुरासामे नाम की दो बहनों[१] का जन्म यहीं हुआ था। उस ग्रामांचल से मैंने ताम्बा प्रान्त को जाने वाला एक सँकरा कटक पथ पकड़ा, जिस पर 'नरक की खिड़की'[२], 'सिर के बल ढाल'[३] जैसे डरावने नामों वाली कई एक ख़तरनाक खड़ी चट्टानें थीं। जब मैं इचि-नो-तानी पहुँचा, जो एक विशालकाय खड़ी चट्टान है, जहाँ योशित्सुने[४] ने ख़तरनाक खड़ी ढलान पर शत्रु-सेना को खदेड़ने में अभूतपूर्व सफलता अर्जित की थी, तो नीचे घाटी में नज़र गड़ा कर देखने पर वह देवदार दिखायी दिया, जिस पर उसने युद्ध-घोषणा का अपना घण्टा टाँगा था, और आँखों के ठीक नीचे उसके शत्रु-शिविर वाला स्थल। उस दौर की अनेक दर्दनाक और दुःखद घटनाओं के साथ, भयानक अफरातफरी-भरा एक विशेष दृश्य मेरी स्मृति में ताज़ा हो उठा। मैंने देखा कि नन्हे सम्राट की बूढ़ी दादी उसे अपनी बाँहों में भींचे हुए हैं, उसकी माँ उसे कन्धों पर उठाये है और उसके बुद्दे-बुद्दे से पैर, दयनीय रूप में, उसकी माँ की पोशाक में उलझे हुए हैं और वे सभी शत्रु के घातक आक्रमण से बच निकलने के लिए एक नाव की तरफ़ भागे जा रहे हैं। उनके पीछे

---

१. मात्सुकाज़े और मुरासामे अंत्यज परिवार में जन्मी दो बहनें थीं और सुमा-तट पर मछुआरिनों के पेशे से जुड़ी थीं। आरिहारा-नो-युकीहिरा जब निर्वासित होकर वहाँ गया, तो ये दोनों बहनें उसके सम्पर्क में आयीं और उसकी उपपत्नी हो गयीं। प्रेम में पड़ कर जिस दुर्भाग्य का जीवन उन्हें जीना पड़ा उसकी मार्मिक अभिव्यक्ति जापानी नो नाटक 'मात्सुकाज़े' में हुई है।

२. इस खड़ी चट्टान का जापानी नाम 'हाचीबुसे नोज़ोकी' है।

३. इस खड़ी चट्टान का जापानी नाम 'साका आतोशी' है।

४. योशित्सुने (११५९-८९), गेंजी वृत्तान्त का अत्यन्त जीवन्त और साथ ही अत्यन्त कारुणिक योद्धा। अपनी माँ (सम्राट मिनामोतो-नो-योशितोमो : ११२३-११६० : की उपपत्नी तोकिवा, जो अन्ततः यात्रा के दौरान लुटेरों द्वारा मारी गयी) से बिछुड़ने के बाद वह क्योतो के कुरामादेश मन्दिर में जाकर रहा और गुप्त रूप से सैन्य कलाओं का अभ्यास किया। उसने हेइके राजवंश पर विजय प्राप्त करने में अपने भाई योरीतोमो (११४७-११९९) की सहायता की, किन्तु बाद में उसके अप्रसन्न हो जाने पर, अनिच्छापूर्वक उसे उत्तरवर्ती क्षेत्र में निर्वासित जीवन जीना पड़ा, जहाँ फुजीवारा नो-यासुहीरा की सेना से लड़ते हुए उसने वीरगति प्राप्त की।

राजमहल से जुड़ी अनेक महिलाएँ हैं और सभी तरह की चीज़ें वे उस नाव में फेंके जा रही हैं। उनमें चादरों और दुलाइयों में बँधे-लिपटे दुर्लभ-अमूल्य वाद्ययन्त्र भी शामिल हैं। अफरातफरी में बहुत-सी मूल्यवान वस्तुएँ नाव में जाने के बजाय पानी में भी गिरीं। राजसी खाद्य पदार्थ मछलियों के हिस्से गये और राजमहिषियों के शृंगारदान किनारे ही, बालू पर, छूट गये—उपेक्षा और विस्मृति की नियति से जुड़ कर। शायद यही वजह है कि आज एक हज़ार साल बाद भी लहरें इस तट पर आकर इतने विषादपूर्ण स्वर के साथ चूर-चूर होती हैं।

सराशिना ग्रामांचल में

शरत् की हवाओं ने दिल में इच्छा जगाई कि ओबासुते पर्वत पर पूरे चाँद को उगता हुआ देखूँ। यह ऊबड़खाबड़ पर्वत सराशिना ग्रामांचल में है, जहाँ बहुत पहले ग्रामीण-जन अपनी बूढ़ी माँओं को, अन्तिम यात्रा के लिए, चट्टानों के बीच छोड़ आया करते थे। मेरी ही जैसी आकांक्षाओं से भरा हुआ एक और व्यक्ति भी था, मेरा शिष्य एत्सुजिन[१], जो मेरा सहयात्री बना। यात्रा में मेरी सहायता के लिए, मेरे मित्र काकेई[२] ने एक सेवक भी भेज दिया था, क्योंकि सराशिना को जाने वाला 'किसो' मार्ग एकदम खड़ी ढाल वाला और ख़तरनाक था और कई ऊँचे पहाड़ों से होकर गुज़रता था। हमने परस्पर एक-दूसरे की सहायता में कोई कसर उठा न रखी, लेकिन चूँकि हममें से कोई भी अनुभवी यात्री न था, हम निरन्तर असहज अनुभव करते रहे और प्रायः ग़लत मौक़ों पर ग़लत क़दम उठाने की ग़लतियाँ भी कीं। यद्यपि उन ग़लतियों ने हमें जल्दी-जल्दी हँसने को प्रेरित किया और आगे ही आगे बढ़ते रहने की हिम्मत भी बँधाई।

मार्ग में एक निश्चित बिन्दु पर हमारा सामना एक बूढ़े पुरोहित से हुआ। अनुमानतः साठ से ऊपर का वह होगा। अपनी झुकी हुई पीठ पर बहुत भारी बोझ लादे हाँफते हुए, छोटे-छोटे डग भरता डगमग चाल चल रहा था और चेहरे पर उसके उदासी भरी गम्भीरता घिरी हुई थी। मेरे साथियों में उसके प्रति सहानुभूति का भाव जगा और उन्होंने उसके कन्धों पर लदा भारी बोझ, मेरे घोड़े पर पहले से लदे सामान के ऊपर लाद दिया। अब

१. एत्सुजिन (१६५६- ?), नागोया का एक रँगरेज और बाशो का सहयात्री।

२. काकेई (१६४८-१७१६), नागोया का एक चिकित्सक।

मुझे एक ज़्यादा ऊँचे ढेर पर बैठ कर आगे बढ़ना था। ऊपर पहाड़ों पर सवार पहाड़ और बायीं ओर, एक उमड़ती-उफनती नदी की ओर गिरती, हज़ार फुट की खड़ी ढाल! बीच में चौरस ज़मीन का नाम नहीं। लिहाज़ा ऊँचे लदान पर बैठा मैं, जब भी घोड़ा झटका देता, भय से काँप उठता।

हम काकेहाशी, नेज़ामे, सारू-गा-बाबा, ताचीतोगे जैसे अनेक ख़तरनाक स्थलों से होकर गुज़रे। रास्ता लगातार घुमावों और चढ़ाइयों से भरपूर। फलतः आगे बढ़ते हुए हमें प्रायः लगता, मानो हम मेघों के बीच मार्ग तलाश रहे हों। ऊँचाई की वजह से चूँकि मैं चकराया हुआ था और भय के कारण मानसिक सन्तुलन बनाये रख पाने में अपने को असमर्थ पा रहा था, अतः मैंने घोड़े की सवारी को अलविदा की और अपनी ख़ुद की टाँगों पर भरोसा करके डगमग चाल चलता आगे बढ़ता रहा। उधर मेरा सेवक घोड़े की पीठ पर जा बिराजा। उसके चेहरे पर ऐसा भाव था, मानो भय जैसी रंचमात्र कोई बात उसके मन में नहीं है। वह प्रायः झपकी लेते हुए गर्दन गिरा लेता और लगता कि अब सिर के बल वह ढाल में गिरने ही वाला है। हर बार जब मैं उसे गर्दन गिराये देखता, तो अपनी समझ और बुद्धिमानी के बावजूद भय से काँप उठता। तब भी, पुनर्विचार करने पर मन में आता कि दरअसल हम सभी की स्थिति उस सेवक जैसी है। उस तूफ़ानी मौसम में, लगातार चेहरे बदलती शैल-भित्तियों के बीच से होकर आगे बढ़ते हुए, अव्यक्त-अस्पष्ट ख़तरों से सर्वथा अनजान, और यह कि ऊपर से हम पर नज़र रख रहे बुद्धदेव हमारे भाग्य को लेकर भी निश्चय ही उन्हीं आशंकाओं से भरे होंगे, जैसी आशंकाओं से हम इस सेवक के प्रति भरे हुए हैं।

शाम आयी, तो रात का टिकान हमने दीन-हीन से नज़र आते एक साधारण घर में किया। दीया जलाने के बाद मैंने क़लम-रोशनाई निकाली और दिन में देखे गये दृश्यों, रची गयी कविताओं को याद करने की कोशिश करते हुए अपनी आँखें बन्द कर लीं। आतिथेय पुरोहित ने जब मुझे मेरा सिर थपकते और काग़ज़ के एक पुर्ज़े पर झुके देखा, तो शायद उसने सोचा होगा, कि मैं यात्रा की थकान से परेशान हूँ। अतः अपनी एक स्फूर्तिप्रद तीर्थयात्रा का वृत्तान्त वह मुझे सुनाने लगा। उसके बाद पवित्र सूत्रों से जुड़े दृष्टान्त और फिर अपने देखे चमत्कारों की कहानियाँ। अफ़सोस कि अनजाने ही उसके द्वारा पैदा किये गये इस व्यतिक्रम के कारण एक

कविता भी मैं नहीं लिख पाया। ठीक तभी चन्द्र-ज्योत्स्ना ने पत्तियों के झुरमुट और दीवार की दरारों के बीच से रास्ता बनाते हुए मेरे कक्ष के एक पार्श्व से झलक दिखायी। जैसे ही जंगली हिरनों को खदेड़ते ग्रामीणों की आवाज़ों और झाड़ियों की कड़कड़ाहट की टोह लेने के लिए मैंने अपने कान उँटेरे, मुझे लगा कि शरत् का एकाकीपन अब उस दृश्य में अपनी पूर्णता पा गया है। मैंने अपने सँगातियों से कहा, 'जब चन्द्रमा की इतनी चमकीली-चटकीली किरणें हम पर कृपालु हों, तो मधुपान से बढ़कर उनकी और कोई सटीक अभ्यर्थना नहीं हो सकती।' मेरी यह घोषणा सुन कर गृहपति ने तत्काल कुछेक प्याले लाकर प्रस्तुत किये। प्याले इतने बड़े थे कि उन्हें नफ़ीस कहना उचित नहीं होगा। उन पर सुनहरे रोगन का पुराने ढंग का काम भी था। लिहाज़ा शहरी क़िस्म के कुछ ज़्यादा ही नफ़ासतपसन्द लोग उन्हें छूने में हिचकते। किन्तु किसी दूरदराज ग्रामीण इलाक़े में उनकी उपलब्धता से मुझे ख़ुशी तो हुई, और यह कि जवाहरात जड़े महँगे नीले प्यालों से वे कहीं अधिक मूल्यवान हैं।

देखते हुए ग्रामांचल में
आकाश में बड़ा-सा चाँद
लगा मुझे, सजा रहा हूँ उसे
सुनहरे रोगन के काम से।

•

खड़ी ढाल पर टँगे
पुल से लिपटी हुई
मारवल्ली की कोमल कमनीय लता,
देह और आत्मा साथ-साथ।

•

प्राचीन शाही घोड़ों ने भी
पार किया होगा ही
इस टँगे हुए पुल को
क्योतो की दिशा में बढ़ते हुए

•

पुल के अधबीच में
असम्भव हो उठा मेरे लिए
पलकें तक झपका पाना,

कोहरा जब उठा ऊपर।

—एत्सुजिन-लिखित[1]

ओबासुते पर्वत पर रची गयी एक कविता :

कल्पना में,
एक बूढ़ी औरत और मैं
बैठे पास-पास, अश्रुसिक्त आँखों
सहराते हुए चन्द्रमा को

चन्द्रमा पहले ही
सोलह दिन का हो चुका,
तब भी मैं ठहरा हूँ
सराशिना गाँव में!

तीन दिन बीत गये
तीन बार देखा है
चटक चमकीला चाँद
साफ़ असमान में।

—एत्सुजिन-लिखित

पीतवसना बिल्लीलोटन[2]
पतली टहनियों के साथ
तुहिन-बुँदकियों से
सजी-सँवरी खड़ी हुई।

गर्म मूली ने इधर
बेध डाली जीभ मेरी
उधर बेध डाला दिल
शरत् की हवाओं ने।

'किसो' पर्वतांचल से चुने गये

---

१. लिखित से आशय यह लिया जाना चाहिए कि कवि ने ये कविताएँ अमुक व्यक्ति से, बोल कर लिखाईं। (अनु.)

२. Valerian

पुष्पगुच्छ और फल वनखोरों[१] के
होंगे उपहार मेरे
नगरवासियों के लिए।

विदा लेते हुए
कहते हुए अलविदा,
झपट पड़ा मैं
शरत् पर 'किसो' के।

ज़ेनकोजी देवालय में लिखी गयी एक कविता :

चार द्वार
चार अलग-अलग पन्थ
एकरूप होते हुए
नींद और चमकीले चाँद की छटा में।

अकस्मात् एक झंझावात
असामा पर्वत पर उतरता हुआ,
पत्थर बरसाता हुआ
मुझ पर-मेरे चारों ओर।

---

१. Horse- chest nut

गहन गूढ़ उत्तर का संकुल पथ

दिवस और मास शाश्वत यात्री हैं। वैसे ही व्यतीत होते वर्ष भी। वे, जो समय की मार से पराजित होकर धराशायी होने तक सागर के एक छोर से दूसरे छोर तक नौका या मैदानों में, पर्वतों पर, खाई-खन्दकों में घोड़ा दौड़ाते रहते हैं, अपने जीवन का प्रत्येक क्षण यात्रा करते हुए व्यतीत करते हैं। अनेक पुराण पुरुषों ने भी यात्रारत रहते हुए मार्ग में अन्तिम साँस छोड़ी। मैं स्वयं भ्रमण की उत्कट अभिलाषा के साथ लम्बी अवधि तक मेघों और हवाओं की गति पर मुग्ध रहा हूँ।

विगत शरत् के बीतते न बीतते मैं सागर का किनारा खूँद कर लौटा था। नया वर्ष शुरू होने से पूर्व, सुमिदा नदी के किनारे के अपने टूटे-फूटे घर का जाला साफ़ करने का भी ठीक से समय नहीं निकाल पाया था कि जैसे ही वसन्त का कुहासा मैदान में ऊपर उठना शुरू हुआ, फिर बाहर निकल पड़ने और यथासमय शिराकावा का नाका पार करने को मन हुमकने लगा। मानो देवताओं ने मेरी आत्मा को अपनी मुट्ठी में कर लिया हो और नीचे की परत पलट कर ऊपर ला दी हो! लगा कि मार्ग के बिम्ब और कल्पनाएँ हर कोने से मुझे टेर रहे हैं। लिहाज़ा निकम्मेपन के बीच घर में पड़े रहना मेरे लिए असम्भव था। तैयारी के दौरान, फटे-मसके पाजामे को सींते-गाँठते हुए, हैट में नया फीता बाँधते हुए और टाँगों में ताक़त भरने के लिए 'मोक्सा'[१] की मालिश करते हुए, मैं मात्सुशिमा द्वीपों पर उगे पूर्णचन्द्र के सपने देखता रहता। अन्ततः अस्थायी टिकान के तौर पर

१. एक वनौषधि (artemisia moxa), इसके सूखे पत्ते त्वचा पर बाँधे जाते हैं और सिंकाई की जाती है। जनसाधारण के विश्वासानुसार यह सभी रोगों पर प्रभावी है।

साम्पू[1] की कुटिया में स्थानान्तरित होने के साथ मैंने अपना घर बेच दिया। फिर भी, पुराने घर की दहलीज़ पर मैंने आठ बन्दों की एक शृंखलाबद्ध कविता लिखी और उसे काठ के एक खम्भे पर टाँग आया। उसका प्रारम्भिक अंश इस प्रकार था—

इस दरवाज़े के पीछे,
दब गया है अब जो ऊँची-घनी घास में,
मनाएगी एक अन्य पीढ़ी
त्योहार गुड़ियों का[2]।

२७ मार्च की भोर में, पौ फटे, मैंने पथ गहा। आसमान में अँधेरा अटका हुआ था और चाँद अब भी दिखायी दे रहा था, यद्यपि उसकी काया शनैः-शनैः क्षीण होती जा रही थी। फुजी पहाड़ की अस्पष्ट छाया और उएनो-यानाका के चेरी के फूल अन्तिम विदा दे रहे थे। बीती रात एकत्र हुए मित्र मेरी यात्रा के प्रथम कुछ मीलों तक साथ देने के लिए साथ-साथ नौका पर सवार हुए। फिर भी, सेंजू में हम जब नौका से उतरे, तो आगे के तीन हज़ार मीलों का ख़्याल करके अकस्मात् मेरा दिल भर आया और आँखें इस कदर छलक उठीं कि बस्ती के घर और मित्रों के चेहरे साफ़-साफ़ दिखायी देने बन्द हो गये—सब कुछ एक अस्पष्ट झलक भर बनकर रह गये।

बीतता वसन्त,
चिड़ियाँ शोकाकुल,
रोती हुई मछलियाँ
भरी-भरी आँखों।

अपने प्रस्थान के स्मृति-गान के रूप में, इस कविता के साथ मैं अपनी यात्रा पर आगे बढ़ चला। किन्तु चिरकालिक विचारों से मेरे डग बोझिल हो उठे। मेरे मित्र एक पंक्ति में खड़े थे और मेरी पीठ उन्हें जब तक नज़र आती रही, हाथ हिला-हिला कर वे मुझे विदा देते रहे।

---

१. साम्पू (१६४७-१७३२), इदो का एक धनी सौदागर, जो समय-समय पर कई रूपों में बाशो की आर्थिक सहायता करता रहता था। वह एक अच्छा कवि भी था।

२. जापानी त्योहार 'हिना मात्सुरी' (गुड़ियों का त्योहार) तीन मार्च को मनाया जाता है। यदा-कदा उसे आड़ू के बौर का त्योहार, या सिर्फ़ 'कन्याओं का त्योहार' भी कहते हैं।

सुदूर उत्तर के विलक्षण दृश्य देखने के उपरान्त वापसी की सतत कामना करते हुए उस पूरे दिन मैं चलता रहा। किन्तु इस सम्भावना पर भरोसा टिक नहीं पा रहा था, क्योंकि पता था कि गेनरोकु[१] के दूसरे वर्ष में इस तरह एक लम्बी यात्रा पर निकलते हुए, ज़्यादा ठण्डे इलाक़ों में पहुँच कर, सिर पर और अधिक रूखे बाल ही संचित करूँगा। शाम के समय सोका गाँव पहुँचने पर, असबाब के बोझ से मेरे हड़ीले कंधे टीसने लगे थे। असबाब में, रात में बदन को गर्म रखने के लिए एक काग़ज़ी कोट था, स्नान के बाद पहनने के लिए एक सूती चोग़ा था, बारिश से बचाव के न-कुछ-से साधन थे, लिखने-पढ़ने की चीज़ें थीं और थे मित्रों द्वारा दिये गये उपहार। बेशक मैं हल्का रह कर यात्रा करना चाहता था, किन्तु कुछ ऐसी ख़ास चीज़ें लगातार साथ लगी चली आ रही थीं, जिन्हें व्यावहारिक कारणों से या भावनात्मक लगाव के चलते मैं फेंक नहीं सका।

मैं मुरो-नो-याशिमा देवस्थली के दर्शन करने गया। सहयात्री सोरा[२] के अनुसार, यह देवस्थली पुष्पित वृक्षों की देवी[३] को समर्पित है, और उसकी एक और देवस्थली फुजी पहाड़ के अधोभाग में स्थित है। इस देवी को लेकर लोक में एक आख्यान भी प्रचलित है। कहते हैं, जब वह गर्भवती थी, तो उसके उदर में पल रहे बच्चे को लेकर उसके पति ने सन्देह प्रकट किया, तो उसके ईश्वरीय स्वरूप को प्रमाणित करने के लिए उसने स्वयं को एक जलती हुई कोठरी में बन्द कर लिया। इसीलिए उसके पुत्र का नाम अग्निजन्मा देव[४] पड़ा और उसकी देवस्थली को 'मुरो-नो-याशिमा' कहा गया, जिसका शाब्दिक अर्थ है 'जलती हुई कोठरी'। उस देवस्थली की एक प्रथा थी कि कविगण, वहाँ जाने पर, ऊपर उठते धुएँ का स्तुतिगान करें, और सामान्यजन 'कोनोशिरो' नामक चित्तीदार मछली से परहेज़

---

१. ईस्वी सन् १६८९

२. सोरा (१६४९-१७१०), शिनानो (नागानो प्रशासनिक क्षेत्र) का निवासी। काशिमा देवस्थली की यात्रा में भी यह बाशो का सहयात्री था। उसकी पुस्तक 'जुइको की' में बाशो के यात्रा-वृत्तों में आये काल्पनिक पक्षों का गहन अध्ययन-विश्लेषण हुआ है।

३. इस देवी का जापानी नाम को-नो-हाना साकुया हीमे तथा उसके पति का नाम निनिगी-नो-मिकोतो है। इसके विस्तृत विवरण जापानी पौराणिकी के सन्दर्भ-ग्रन्थ 'कोजिकी' में दृष्टव्य हैं।

४. अग्निजन्मा देव का जापानी नाम 'होहोदेमी-नो-मिकोतो' है।

नासु प्रदेश के कुरोबाने कस्बे में मेरा एक मित्र रहता था। बीच में एक ख़ूब लम्बा–चौड़ा, दूर–दूर तक फैला घास का जंगल। लम्बा चक्कर लगा कर घूम कर जाने के बजाय मैंने घास के जंगल के बीच से होकर जाने वाले अपेक्षाकृत छोटे रास्ते को पकड़ने का फ़ैसला किया। चलते हुए, कुछ दूरी पर मुझे एक गाँव नज़र आया। किन्तु उस गाँव तक पहुँच पाता कि बारिश शुरू हो गयी और अँधेरा घिरने लगा। आख़िरकार मुझे रात का टिकान उस जंगल में आबाद एकमात्र किसान के झोपड़े में करना पड़ा। अगली सुबह फिर आगे की मंज़िल। जब मैं ऊँची–ऊँची घास के बीच से धीरे–धीरे घिसट रहा था, रास्ते के किनारे एक घोड़ा नज़र आया, घास चरता हुआ। पास ही एक किसान हँसिया से घास काट रहा था। मैंने उससे अनुरोध किया कि वह अपना घोड़ा भाड़े पर मुझे दे दे। कुछ देर तक तो वह न–नुकुर करता रहा, लेकिन अन्ततः मेरे अनुरोध पर पसीज कर उसने कहा, ''इस जंगल में सैकड़ों आड़े–बेड़े रास्ते हैं, तुम्हारे जैसा अजनबी उनमें आसानी से भटक सकता है। मेरे घोड़े को अपना रास्ता ठीक–ठीक मालूम है। जब वह आगे जाने से इन्कार कर दे, तो उसे वापस भेज देना।''

इस तरह वह घोड़ा भाड़े पर मुझे मिल गया और उस पर सवार होकर मैं आगे के लिए चल पड़ा। तभी देखा कि दो बच्चे दौड़ते हुए मेरे पीछे लगे हैं। उनमें एक लड़की थी जिसका नाम 'कासाने' था। इस शब्द का अर्थ होता है 'नानारूप'। मैंने सोचा, इसका नाम कुछ विचित्र–सा, किन्तु असाधारण रूप से ख़ूबसूरत है!

> अगर तेरा नाम कासाने,
> माने, नानारूपा है,
> कितना उपयुक्त है यह
> किसी दुगुनी खिली गुलाबो के लिए भी!
>
> —सोरा द्वारा लिखित

थोड़ी देर में मैं एक छोटे गाँव में आ गया। जीन–काठी में एक छोटी–सी राशि बाँधकर मैंने घोड़े को वापस भेज दिया।

अन्ततः मैं सकुशल कुरोबाने कस्बे पहुँच गया और अपने मित्र जोबोजी[१]

---

१. जोबोजी ताकाकात्सु (१६५८–१७३०) सामन्त ओज़ेकी मासुत्सुने की सेवा में संलग्न एक ऊँचे दर्जे का सामुराई था।

से भेंट की। उस दौरान वह अपने सामन्त-मालिक की अनुपस्थिति में उसकी हवेली की देख-रेख कर रहा था। बिना किसी पूर्व-सूचना के अचानक मुझे अपने सामने पाकर वह ख़ुशी से फूला न समाया। हम दोनों ने कई दिन, कई रातें ख़ूब घुल-मिल कर बातें कीं—ग़प्पें लड़ाईं। उसके छोटे भाई तोसुई[१] ने मुझसे वार्तालाप करने का कोई भी अवसर हाथ से जाने नहीं दिया। वह मुझे अपने घर ले गया और अपने सम्बन्धियों-मित्रों से मेरा परिचय कराया।

एक दिन हमने नगर-परिसर का जायज़ा भी लिया और एक प्राचीन श्वान-आखेट-स्थल[२] (dog-shooting ground) के भग्नावशेष देखे। नगर-परिसर से और भी आगे बढ़ कर रानी तामामो[३] की समाधि तथा विख्यात हाचीमान देवस्थली के दर्शनों की इच्छा लेकर हम घास के जंगल में भी दाख़िल हुए। उक्त देवस्थली के बारे में प्रचलित है कि जब समुद्रतट छोड़ चुकी एक नौका पर लटकते एक अकेले पंखे पर निशाना साधने की चुनौती बहादुर तीरंदाज योइची[४] के सम्मुख पेश की गयी, तो उसने सहायता की याचना इसी देवस्थली के देवता से की थी। अँधेरा घिरने के बाद हम घर लौट आये।

कोम्योजी देवालय ने मुझे उस सभा-कक्ष में पधारने के लिए आमन्त्रित

---

१. तोसुई (१६६२-१७२८), जोबोजी का कनिष्ठ भ्राता। उसका वास्तविक नाम कानोकोबाता तोयोआकी था। सोरा के अनुसार उसका कवि-नाम तोसुई के बजाय सुइतो था।

२. श्वान-आखेट (इनु ओउमोनो) खेल की शुरुआत कामाकुरा काल के प्रारम्भ में, सम्भवतः तीरन्दाज़ी के अभ्यास के लिए हुई थी। शीघ्र ही यह चलन से बाहर भी हो गया।

३. सामान्य धारणा है कि रानी तामामो अपने वास्तविक रूप में एक लोमड़ी थी। उसकी गणना सम्राट कोनोए (११३९-५५) की प्रिय रानियों में होती थी। किन्तु एक पुरोहित द्वारा उसके छद्म रूप पर सन्देह प्रकट करने पर वह उत्तरी वनांचलों की ओर भाग गयी और स्वयं को एक विषैली शिला (सेस्शो सेकी) में रूपान्तरित कर लिया।

४. नासु-नो-योइची, मिनामोतो शासकों की सेवा में तैनात, एक मामूली समुराई था। सन् ११८५ में याशिमा के युद्ध में अपनी सफल तीरंदाज़ी से वह पूरे देश का योद्धा नायक बन गया।

खेत के किनारे खड़ा था। इस भिंसा वृक्ष को लेकर मेरे मन में वर्षों से उत्सुकता थी, क्योंकि इसकी चर्चा अनेक बार मैं इस प्रदेश के शासक से सुन चुका था। अब जाकर जीवन में पहली बार वह अवसर सुलभ हुआ कि अपने विथकित टख़नों को उसकी छाया में विश्राम दे सकूँ।

रोपाई कर ली किशोरियों ने जब
धान-खेत की इक क्यारी की,
तब मैंने भिंसा की छाया से
बाहर आने की तैयारी की।

अनेक दिनों के एकाकी भ्रमण के बाद अन्ततः मैं शिराकावा के नाके पर पहुँचा, जो उत्तरी क्षेत्रों के प्रवेश-पथ को चिह्नित करता है। वहाँ पहुँच कर पहली बार मुझे एक विशिष्ट प्रकार का सन्तुलन और आश्वस्ति भाव अनुभव हुआ—एक प्रकार की पूर्ण निश्चिन्तता। अतः एक प्रकार की सौम्य निर्लिप्तता के साथ मैंने उस प्राचीन यात्री के बारे में सोचा, जिसने घर को संवाद देने की प्रबल उत्कण्ठा के साथ इस द्वार को पार किया था। इस द्वार की गणना तीन सबसे बड़े जाँच-केन्द्रों में होती है और अनेक कवियों ने, प्रत्येक अपनी एक स्वरचित कविता यहाँ छोड़ते हुए, इस द्वार को पार किया है। मैं स्वयं घने छायादार वृक्षों के मध्य से, शरत् हवाओं की दूरस्थ ध्वनि सुनते और शरत् की रंगतों की झाँकी का अवलोकन करते आगे बढ़ा। पथ के दोनों ओर भरपूर खिले हुए 'उनोहाना' के हज़ारों-हज़ार हिमधवल पुष्प और वैसी ही श्वेत-धवल आभा बिखेरती बौर-लदी झरबेरी की झाड़ियाँ। पहली नज़र में लगा, मानो धरती प्रारम्भिक हिमपात से ढकी हुई हो। कियोसुके[१] के विवरणों के अनुसार, कहते हैं, पुरातन यात्रियों ने अपनी सर्वोत्कृष्ट वेशभूषा में इस द्वार को पार किया था।

अलंकृत करते हुए केश अपने
'उनोहाना' के श्वेत पुष्पों से,
पार किया मैंने द्वार,
मेरी अद्वितीय उत्सवोचित वेशभूषा।

—सोरा द्वारा लिखित

१. फुजीवारा-नो-कियोसुके (११०४-७७), हेइयान काल का कवि और विद्वान।

उत्तर की ओर बढ़ते हुए मैंने आबुकुमा नदी पार की और जिस पथ को पकड़ा, उसके वाम पार्श्व में आदजु के उत्तुंग पर्वत शिखर थे और दक्षिण पार्श्व में इवाकी, सोमा तथा मिहारु नाम वाले तीन ग्राम, जिन्हें निम्नस्थ पर्वतों की एक श्रृंखला हिताची व शिमोत्सुके जनपदों के ग्रामों से अलगाती थी। मार्ग में 'छाया सरोवर'[१] पर मैं कुछ देर को विरमा। मान्यता थी कि उसके तट पर जो भी व्यक्ति या वस्तु होती है, उसकी यथातथ्य, सही-सटीक परछाईं उसमें प्रतिबिम्बित होती है। इसी कारण 'छाया सरोवर' उसका नाम प्रचलित हुआ। उस दिन आसमान बादलों से घिरा हुआ था। अतः मेघ-मेदुर भूरे आसमान की परछाईं ही सरोवर के जल में प्रतिबिम्बित हो रही थी। डाक नगर सुकागावा में मैं कवि तोक्यू[२] से भेंट करने गया और कुछेक दिन उन्हीं के घर पर उनके साथ बिताये। उन्होंने शिराकावा गेट की मेरी काव्य-संलिप्ति के बारे में जिज्ञासा की। बताना पड़ा कि आसपास के ग्रामांचल के कौतुकों और प्राचीन कवियों की स्मृतियों ने मुझे इतना आत्मसात् कर रखा था कि जितनी कविताएँ मैं रचना चाहता था रच नहीं पाया। फिर भी यह खेदजनक था कि शिराकावा गेट से गुज़रते हुए एक भी उल्लेखनीय कविता न रची जाय, अतः मैंने लिखा :

पहला काव्योचित जोख़िम
जिससे होकर मैं आया—
धान-रोपाई के गान थे
सुदूर उत्तर के।

इस कविता को प्रारम्भिक बन्द की भाँति उपयोग करते हुए, हमने श्रृंखलाबद्ध काव्य के तीन सर्ग लिखे।

इस डाकनगर के बाह्यांचल में पाँगुर (chest nut) का एक विशाल वृक्ष था और उसके नीचे एक पुरोहित एकान्तवास में रह रहा था। मैं जब उस वृक्ष के सम्मुख खड़ा था, तो मुझे महसूस हुआ, मानो मैं नितल पर्वतों के मध्य होऊँ, जहाँ कवि साइग्यो ने पाँगुर के काष्ठफल चुने थे। मैंने थैले से एक काग़ज़ निकाला और लिखा :

"पाँगुर एक पवित्र वृक्ष है, क्योंकि पाँगुर के लिए चीनी भावचित्र

---

१. इस सरोवर का जापानी नाम 'कागे-नुमा' है।

२. तोक्यू (१६३८-१७१५) डाकनगर सुकागावा का एक प्रभावशाली अधिकारी था।

परिचर बेंकेई[1] अपनी पीठ पर ढोकर लाया था।

प्रदर्शित करता हुआ सगर्व
फहराती ध्वजाओं के साथ
खड्ग वह, थैला वह,
मई का यह पर्व-दिवस[2]

यह कविता मैंने इसलिए लिखी, कि वह मई का पहला दिन था। रात मैंने ईज़ुका में बिताई।

एक गर्म चश्मे में स्नान करने के उपरान्त, टिकान के लिये मैं एक पान्थशाला में गया। वह एक गन्दी जगह थी। कच्चे फ़र्श पर पुआल की खुरदुरी चटाइयाँ बिछी थीं। पूरे घर में दीवा या चिमनी का नाम-निशान नहीं। जलती आग की मन्द रोशनी में उन्होंने मेरा बिस्तर लगाया, सोने की व्यवस्था की। आधी रात के आसपास एक तूफ़ान आया और बिजली की कौंध, बादलों की गड़गड़ाहट, रिसते-टपकते पानी और मच्छरों-पतिंगों के आक्रमण के बीच में आँख तक नहीं झपका पाया। इस सबके अतिरिक्त, मेरी एक पुरानी शिकायत ने मुझे इस क़दर बीमार कर डाला, कि मैं पौ फटे ही पान्थशाला से चल पड़ा। मैं जब घोड़े पर सवार कोरी नगर की ओर बढ़ रहा था, तो बार-बार मेरी तबीयत गम्भीर रूप से ख़राब होती रही। सफ़र के दौरान इस क़दर बीमार पड़ जाना, निश्चय ही एक बहुत गम्भीर बात थी, जबकि हज़ारों मील का रास्ता अभी तय करना बाक़ी हो। किन्तु यह सोचकर, कि यदि, उत्तरी छोर की यात्रा पर जाते हुए, मार्ग में मेरी मृत्यु हो, तो यह परमात्मा के बनाये विधान के ही अनुरूप होगा, मैं अपनी सामर्थ्य-भर, पूरी दृढ़ता के साथ आगे ही आगे बढ़ता रहा और दाते प्रान्त में ओकिदो नाके पर पहुँच गया।

आबुमिज़ुरी व शिरोइशी दुर्ग-नगरों से होकर मैं कासाजिमा प्रान्त में पहुँचा

---

१. बेंकेई एक पुरोहित था, किन्तु उसकी रुचि प्रवचन और उपदेश देने से अधिक सैन्य साहसिक कार्यों में अधिक थी। योशित्सुने ने जब एक युद्ध में उसे विजित कर लिया, तो वह पूरे समर्पण भाव से उसकी सेवा में संलग्न हो गया।

२. मई पर्व ५ मई को मनाया जाता है। इसे 'आइरिस पुष्पोत्सव' अथवा सिर्फ़ 'बालकों का उत्सव' कहते हैं।

और फुजीवारा परिवार के सामन्त सानेकाता[१] के टीले का मार्ग पता किया। मुझे बताया गया कि मिनोवा और कासाजिमा गाँवों की दिशा में मुझे दायें मुड़ना होगा। ये गाँव दूर से पहाड़ों की तलहटी में नज़र आयेंगे। वहीं एक देवस्थली की बग़ल में, ऊँची-ऊँची घास से घिरा हुआ वह टीला है। मैं निश्चय ही उस दिशा में जाना चाहता था, किन्तु बरसात के मौसम की शुरुआती बारिश की वजह से रास्ते में कीचड़ हो जाने और कुछ अपनी कमज़ोरी की वजह से भी मुझे रुकना पड़ा। उन दो गाँवों के नाम, बरसाती और छतरी की प्रतिध्वनियों के साथ, बरसात के मौसम से इतने फबते हुए अनुभव हुए, कि मैंने लिखा :

> कितना चलना होगा मुझे
> कासाजिमा गाँव के लिए—
> शुरू बरसात के
> इस अनन्त पंकिल पथ पर!

वह रात मैंने इबानुमा में बिताई।

ताकेकुमा के प्रतिष्ठित देवतरु के दर्शन कर मेरा हृदय ख़ुशी से बल्लियों उछल गया। उसके जुड़वाँ तनों की बनावट हू-ब-हू वैसी ही जैसी प्राचीन कवियों ने वर्णन की है। मुझ तत्क्षण पुरोहित नोइन[२] का स्मरण हो आया, जो अपनी दूसरी यात्रा के दौरान यह देखकर बहुत दुखी हुए थे, कि प्रान्त के नवनियुक्त राज्यपाल ने उस वृक्ष को कटवा कर सेतुबन्धन के लिए नातोरी नदी में डलवा दिया है। अतीत में इस वृक्ष को अनेक बार रोपा, काटा, पुनः-पुनः रोपा गया, किन्तु जब मुझे उसके दर्शनों का सुयोग मिला, लगभग एक सहस्त्र वर्ष के अन्तराल के बाद, वह अपनी मौलिक आकृति में था—एक देवतरु की जो सबसे सुन्दर आकृति सोची, कल्पित की जा सकती है। जब मैं इस यात्रा पर निकला था, तो, 'शिवास्ते पन्थानः

---

१. फुजीवारा-नो-सानेकाता (? - ९९८) हेइयान काल का एक कवि और सामन्त था। फुजीवारा-नो-युकीनारी (९७२-१०२७) के साथ उसका एक विवाद राजदरबार तक गया था और सम्राट ने दण्ड-स्वरूप उसे उत्तरी क्षेत्र में निर्वासन का आदेश दिया था। मार्ग में एक देव-प्रतिमा के सामने से वह घोड़े पर बैठा-बैठा ही आगे बढ़ गया, जिसके दण्ड-स्वरूप वह घोड़े से गिरा और गम्भीर चोटें आयीं।

२. नोइन होशी (९८८- ?) हेइयान काल का एक अत्यन्त महत्त्वपूर्ण कवि, जिसका प्रभाव बाद के कई महत्त्वपूर्ण कवियों पर पड़ा।

अभिलेख के अन्त में दी गयी तिथि के अनुसार, यह कीर्तिस्तम्भ सम्राट शोमु[1] के शासनकाल में स्थापित किया गया और तभी से साल दर साल कवियों की निरन्तर प्रवर्धित श्रद्धा प्राप्त करता हुआ अपने स्थान पर खड़ा है। इस सतत परिवर्तनशील विश्व में, जहाँ पर्वत विशीर्ण हो जाते हैं, नदियाँ अपना प्रवाह-पथ बदल लेती हैं, पथ वीरानगी में विलीन हो जाते हैं, शिलाएँ-चट्टानें काल की मिट्टी के नीचे दफ़्न हो जाती हैं, पुराने वृक्ष धराशायी हो जाते हैं और उनका स्थान नवांकुर ले लेते हैं, इसे किसी चमत्कार के अतिरिक्त क्या कहा जा सकता है कि यह कीर्ति-स्तम्भ, हज़ार वर्षों की अवधि को अँगूठा दिखाता हुआ, पूर्वजों की सजीव स्मृति बना अडिग खड़ा है। प्रतीत हुआ कि मैं साक्षात् पूर्वजों के सम्मुख उपस्थित हूँ, और मार्ग के सारे कष्टों को विस्मृत करते हुए, सजल नेत्रों, इस आनन्दप्रद क्षण की चरम सुखानुभूति से हुलस उठा।

नोदा-नो-तामागावा नदी एवं तथाकथित 'दूर समुद्र में शिला' (ओकी-नो-इशी) पर कुछ देर बिरमने के बाद मैं 'सुए-नो-मात्सुयामा' नामधारी देवदारों के वन में आया, जहाँ मास्शोज़न नाम का एक मन्दिर मुझे दिखा और दरख़्तों के बीच, यहाँ से वहाँ तक असंख्य समाधि-शिलाएँ फैली-बिखरी नज़र आयीं। निश्चय ही यह एक अवसादजनक दृश्य था, क्योंकि युवा हो या वृद्ध, प्रेमी हो या स्नेही, जीवन के अन्त में हम सभी को ऐसे ही किसी स्थल पर जाना पड़ता है। घरबन्दी की डुगडुगी सुनते हुए, मैं शिओगामा नगर में प्रविष्ट हुआ। ऊपर अँधेरे में खोया आसमान था; मई के महीने में अस्वाभाविक रूप से ख़ाली-ख़ाली, और परे, तट से अनतिदूर स्थित मागाकी-गा-शिमा द्वीप की, चन्द्र-ज्योत्स्ना में, फैली परछाईं। दिन-भर में पकड़ी गयी मछलियों का बँटवारा करते मछुआरों की परस्पर गुँथी आवाज़ों ने मुझे और अधिक अकेला कर दिया, क्योंकि तत्काल मुझे एक पुरानी कविता का स्मरण हो आया, जिसमें मछुआरों की ख़तरों से भरी और निराधार समुद्री ज़िन्दगी का वर्णन हुआ है। संध्या समय मुझे एक अन्धे घुमन्तू गायक से, सारंगी के स्थान पर, गान-संगीत सुनने का अवसर मिला। उसके गीत हेइके के गाथागानों अथवा नृत्य के साथ गाये जाने वाले पारम्परिक गीतों से अलग तरह के थे और उन्हें 'ओकुजोरुरी' (सुदूर उत्तर के नाटकीय गाथागान) के नाम से जाना जाता था। मुझे स्वीकार

---

१. शोमु (७०१-५६) जापान का पैंतालिसवाँ सम्राट था।

करना होगा कि गायक जब मेरे कानों के बहुत पास आकर गाता, तो उसके गीत मुझे बहुत तीख़े और कर्णकटु अनुभव होते, किन्तु वे मुझे बिल्कुल ही अप्रीतिकर नहीं लगे, क्योंकि उनमें अब भी विगत की लोकरंगतें सुरक्षित थीं।

अगली सुबह मैं जल्दी उठा और शिओगामा की म्योजिन देवस्थली के महान् देवता को अपने श्रद्धासुमन अर्पित किये। इस देवस्थली का पुनर्निर्माण प्रान्त के एक पूर्व राज्यपाल ने कराया था। उसके भव्य स्तम्भ, चित्रित शहतीरें और प्रस्तर-निर्मित प्रभावशाली उपागम वास्तु-सुरुचि का परिचय आप देते थे। देवस्थली के सिन्दूरी बाड़े पर प्रातःकालीन सूर्य की सीधी किरणें जब पड़तीं, तो आँखों के आगे एक अद्‌भुत चकाचौंध-भरा दृश्य उपस्थित हो जाता। मैं इस तथ्य से गहरे तक प्रभावित था कि देवताओं की दिव्यात्मा हमारे देश के अन्तिम उत्तरी छोर तक व्याप्त है, और मैं वेदिका के सम्मुख विनम्र श्रद्धापूर्वक नतमस्तक हो गया। देवस्थली के सम्मुख मुझे एक पुरानी लालटेन दिखायी दी। उस पर अंकित अभिलेख के अनुसार, वह लालटेन बुंजी[१] के तीसरे वर्ष में इजुमी-नो-साबुरो[२] द्वारा समर्पित की गयी थी। मेरा ध्यान तत्काल पीछे उड़कर पाँच सौ सालों की कालावधि के पार इस अत्यन्त भरोसेमन्द योद्धा के समय में पहुँच गया। उसका जीवन इस बात का सटीक उदाहरण है कि यदि कोई व्यक्ति अपने कर्तव्य का हृदयतापूर्वक पालन करता है, निष्ठावान रहता है, तो स्वाभाविक रूप से उसकी प्रसिद्धि उसके जीवनकाल के बाद भी अक्षुण्ण रहती है। अद्यावधि शायद ही कोई व्यक्ति हो, जो शौर्य के मुकुलित पुष्प के रूप में उसे सम्मानपूर्वक न याद करता हो।

दोपहर के वक़्त मैंने उस देवस्थली से प्रस्थान किया। भाड़े पर एक नौका लेकर मात्सुशिमा द्वीपों के लिए चल पड़ा। कोई दो मील के समुद्री सफ़र के उपरान्त ओजिमा द्वीप के बलुए पुलिन पर मैं उतरा।

मात्सुशिमा द्वीपों के कौतुकों की पहले ही बहुत प्रशंसा हो चुकी है, तब

---

१. ११८७ ई.

२. इजुमी-नो-साबुरो (११६७-८९) को फुजिवारा-नो-तादाहिरा के रूप में अपेक्षकृत अधिक जाना जाता है। वह अपने भाई द्वारा मारा गया, जिसने उसके और योशित्सुने के साथ विश्वासघात किया।

भी यदि उनकी प्रशंसा में कुछ और कहना सम्भव हो, तो मैं कहना चाहूँगा कि समूचे जापान में सर्वाधिक सुन्दर स्थल यहीं हैं। इन द्वीपों का सौन्दर्य चीन की दोतेई[१] और सेइको[२] झीलों से क़त्तई कमतर नहीं। ये द्वीप सभी ओर से कोई तीन मील चौड़ी एक खाड़ी में स्थित हैं, जो दक्षिण-पूर्व दिशा में अपने सँकरे मुहाने से सागर की ओर उन्मुख होती है। जिस तरह चीन की सेक्को नदी[३] ज्वार के प्रत्येक उभार पर उपरापाट होती है, ठीक वैसे ही यह खाड़ी भी सागर-जल से लबालब नज़र आती है, और इसमें एक सिरे से दूसरे सिरे तक, अनगिनत द्वीप फैले-बिखरे हुए हैं। उत्तुंग द्वीप, ऊँचाई में, आसमान की ओर सुते हुए फैलाव में जल की हिलोरों के सम्मुख साष्टांग दण्डवत की मुद्रा में पसरे हुए। एक-दूसरे पर लदे हुए द्वीप और एक-दूसरे से गलबहियाँ डाले हुए द्वीप—ऐसे नज़र आते, जैसे माँ-बाप अपने बच्चों का लाड़-दुलार कर रहे हों, या हाथों में हाथ डाले साथ-साथ चहलक़दमी कर रहे हों। देवदार के दरख़्त एकदम ताज़ा हरे, और उनकी शाखें करीने से कतारों में कटी हुई! उनके बीच से होकर लगातार बहती हवा उनकी बलैयाँ लेती हुई। वस्तुतः इस समूचे दृश्य की सुन्दरता की तुलना सिर्फ़ किसी अत्यन्त दिव्य-सौन्दर्य-सम्पन्न स्त्री के मुखमण्डल से की जा सकती है। स्वयं निसर्ग के महान् देवता के सिवा ऐसे सौन्दर्य की सृष्टि कर सकने में भला और कौन सक्षम हो सकता था? इस दिव्य कौशलयुक्त भव्य रचना के समक्ष पहुँच पाने की व्यर्थ ही मेरी लेखनी कोशिश करती रही।

ओजिमा द्वीप, जहाँ मैंने पड़ाव किया, वस्तुतः एक समुद्रवर्ती प्रायद्वीप था। पुरोहित उंगो[४] ने एक बार यहीं एकान्तवास किया था। जिस शिला पर बैठ कर वे प्रायः साधना किया करते थे, अब भी वहाँ थी। देवदारों के बीच यहाँ-वहाँ छिदरी-बिखरी कई झोपड़ियाँ मुझे नज़र आयीं। उनमें से नीली-पीताभ धूम्र-रेखायें उठ रही थीं। मुझे अचरज-भरी जिज्ञासा हुई कि उन वियुक्त-एकाकी घरों में भला किस तरह के लोग रहते होंगे! इसी सनक

---

१. चीन के हुनान प्रान्त की एक झील, जिसका चीनी नाम 'तुङ्-तिङ् हू' है।

२. चीन के चेक्यिांङ-प्रान्त की एक झील, जिसका चीनी नाम 'सि-हु' है।

३. चीन के चेक्याङ प्रान्त की एक नदी, जिसका चीनी नाम 'त्सियेन-ताङ् कियाङ्' है।

४. उंगो (१५८२-१६५९) क्योतो के म्योशिंजी देवालय के एक पुरोहित थे। सन् १६३६ में उन्होंने मात्सुशिमा में ज़ुइगांजी देवालय का पुनर्निर्माण कराया था।

में मैं उनमें से एक झोपड़ी की दिशा में अभिमुख हुआ। तभी, रात्रिकालीन दृश्य को मुकम्मल शक्ल देता हुआ चाँद, मुझे बीच में रोकता हुआ सा, अन्धाकुप्प सागर पर अपनी चन्द्रिका बिखेरता उदित हुआ। खाड़ी को विमुग्ध करती एक पान्थशाला मैं मैंने पड़ाव किया। मेरे शयन की व्यवस्था ऊपरली मंज़िल के एक कक्ष में थी, जिसकी सारी खिड़कियाँ पूरी खुली हुई थीं। हरहराती हवाओं और गतिमान मेघों को देखता-अनुभव करता हुआ, जब मैं शय्या पर लेटा, तो स्वयं से पूरी तरह अपरिचित किसी दूसरे ही लोक में पहुँच गया। सहयात्री सोरा ने कहा—

सुस्पष्ट स्वर वाली ओ कोकिले
तुम्हें भी दरकार होगी
किसी क्रौंच के रजत पंखों की—
मात्सुशिमा द्वीपों को पार करने के लिए।

अन्तस् से उमड़ते भावोच्छ्वास को दबाते हुए मैंने सोने की कोशिश की। किन्तु उद्वेग इतना प्रबल था कि नींद के प्रति बेपरवाही बरतते हुए मैंने अपने थैले से कापी निकाली और विदा होते समय मित्रों द्वारा भेंट की गयी कविताएँ पढ़ने लगा। एक चीनी कविता सोदो[१] की, एक 'वाका' हारा आंतेकी[२] का, कुछेक हाइकू साम्पू और दाकुशी[३] के। गरज़ ये कि सारी कविताएँ मात्सुशिमा द्वीपों से सन्दर्भित!

एकादशी को मैं ज़ुइगांजी देवालय गया। इसकी स्थापना माकाबे-तो-हेइशिरो ने चीन से लौटने और पुरोहिती अंगीकार करने के उपरान्त की थी। आगे चलकर पुरोहित उंगो ने एक विशाल मन्दिर का रूप उसे दिया, जिसमें सोने की सजावट वाले सात वैभवशाली हाल थे। उस मन्दिर में जिस पुरोहित से मेरी मुलाकात हुई, वह मन्दिर के संस्थापक पुरोहित की परम्परा में बत्तीसवाँ (३२वाँ) था। मैंने मन-ही-मन यह भी कल्पना की

---

१. सोदो (१६४२-१७१६), यामानाशी प्रिफेक्चर के काइ गाँव का रहवासी, जो प्राचीन चीनी कविताओं में पारंगत था।

२. हादा आंतेकी, इदो का एक चिकित्सक, जिसके जन्म एवं मृत्युकाल की जानकारी नहीं है।

३. दाकुशी, ओगाकी का मूल निवासी था और एक मामूली सामुराई का जीवन जीते हुए इदो में रहता था।

कि यहाँ बहुप्रशंसित पुरोहित केनबुत्सु[1] का देवालय होगा।

बारहवीं तिथि को मैं हिराइज़ुमी के लिए चल पड़ा। मेरी इच्छा मार्ग में 'अनेहा' का चीड़वृक्ष और ओदाए का पुल देखने की थी। अत: मैंने एक सुनसान पर्वतीय पथ पकड़ा, जिस पर शिकारियों और लकड़हारों के अतिरिक्त कोई नहीं आता-जाता था। किन्तु किसी वजह से मैं अपने गंतव्य से भटक गया और इशिनोमाकी बन्दरगाह पहुँच गया, जो एक ख़ूब खुली खाड़ी पर स्थित था। उसके पार किंकाज़ान (Kinkazan) द्वीप पसरा था, जो एक समय 'स्वर्ण पुष्पों से खिली-खिलखिलाती' स्वर्ण खदान के लिए विख्यात था। उस बन्दरगाह पर सैकड़ों छोटे-बड़े जहाज लंगर डाले खड़े थे और तटवर्ती भवनों से लगातार धुएँ की असंख्य लहरियाँ उठ-उठ कर आसमान में छितरती रहती थीं। उधर यद्यपि मैं संयोग से ही जा निकला था, किन्तु उस व्यस्त स्थान को देखकर अच्छा लगा, ख़ुशी हुई। अब समस्या आयी रात्रि-आवास की। हैरत हुई यह देखकर कि किसी ने भी नहीं कहा, 'आइए, आज मेरा आतिथ्य ग्रहण कीजिये!' बहुत पूछताछ के बाद, आख़िरकार एक बहुत ही जीर्ण-शीर्ण घर मिला, जहाँ कष्टकर रात बितानी पड़ी। अगली सुबह फिर एक सर्वथा अनजान पथ पर चल पड़ा। सोदे नदी-घाट, ओबुची की शाद्वल भूमि और मानो के घास-मैदानों की तलाश में आर-पार नज़र दौड़ाता एक नदी के किनारे-किनारे चलता हुआ आगे बढ़ता रहा। तोइमा में रात बिताई। वहीं दलदली नदी का अन्तिम पड़ाव था। इस तरह, दो दिन की कोई बीस मील की भटकन के बाद, अन्तत: हिराइज़ुमी पहुँचा।

यह वह स्थान है, जहाँ फुजीवारा परिवार[2] की तीन पीढ़ियों का ऐश्वर्य किसी निरर्थक स्वप्न के दौर की भाँति गुज़र गया। मुख्यद्वार के खण्डहरों ने, जागीरदार हिदेहिरा की हवेली तक पहुँचने के एक मील पहले ही,

---

१. हेइयन काल का एक पुरोहित, जिसने मात्सुशिमा के एक छोटे-से देवालय में बारह वर्ष तक साधना की थी।

२. फुजीवारा-नो-कियोहिरा (१०५६-११२८), मोतोहिरा, हिदेहिरा (?-११८७); इन तीन योद्धाओं ने उत्तर में स्वर्णयुग सम्भव किया। हिदेहिरा के बेटे यासुहिरा (?-११८९) ने अपने ही भाई तादाहिरा (११६७-८९) को पारस्परिक मुठभेड़ में मार दिया। बदले में मिनामोतो-नो-योरीतोयो ने उसे भी मौत के घाट उतार दिया। इस तरह एक युग का अन्त हुआ।

स्वागत किया। वह हवेली अब पूरी तरह धान के खेतों में सिमट चुकी थी। मात्र किंकेई पर्वत ही अपने वास्तविक रूप में बचा हुआ था। ताकादाते पहाड़ियों में से एक पर चढ़ते हुए, यहीं जागीरदार योशित्सुने ने अपनी अन्तिम साँस छोड़ी थी, नाम्बू के मैदानों से होकर अपने पूरे प्रवाह में बहती हुई किताकामी नदी दिखायी दी। उसकी सहायक कोरोमोगावा नदी, इज़ुमी–गा–शिरो दुर्ग के इलाक़े को अपने घेरे में लेती हुई, सीधे मेरी आँखों के नीचे एक बड़ी नदी में गिर रही थी। जागीरदार यासुहिरा का खण्डहर में बदल चुका घर कोरोमो–गा–सेकी के नाकागेट के उत्तर में स्थित था और इस तरह नाम्बू क्षेत्र की ओर प्रवेश मार्ग के बीचोबीच अड़ा हुआ, उत्तर की ओर से बर्बर घुसपैठियों से रक्षा कर रहा था। तीन पीढ़ियों की छोटी–सी अवधि में ही अनेक बहादुरीपूर्ण जुझारू कारनामे यहाँ हुए, किन्तु योद्धा और उनके पराक्रम ज़माने पहले शेष होकर विस्मृति के गर्भ में समा गये। एक देश जब पराजित होता है, तो वहाँ सिर्फ़ नदियाँ और पहाड़ बचते हैं और दुर्ग के खण्डहरों में सिर्फ़ घासें उगती–लहलहाती हैं। मैं वहीं अपनी हैट पर बैठ गया और फूट–फूट कर इस कदर रोता रहा कि समय का ध्यान तक नहीं रहा।

> सूखी घास का एक झुरमुट;
> यही बचा है बस
> बीते युग के योद्धाओं की
> महत्त्वाकांक्षाओं में से–सपनों में से।
> × ×
> एक झलक पायी मैंने
> कानेफुसा[१] के रूखे बालों की
> लटपटाते हुए
> उनोहाना के श्वेत पुष्पों के मध्य।
>
> —'सोरा' लिखित

जिन दो पवित्र भवनों के विस्मयपूर्ण विवरण प्रायः सुनता रहता था, उनके अन्तर्कोष्ठ अन्ततः मेरे सम्मुख उद्घाटित हुए। 'सूत्रों' के पुस्तकालय में उन तीन प्रधान पुरुषों की मूर्तियाँ स्थापित थीं जिन्होंने इस क्षेत्र को सुशासन

---

१. कानेफुसा (११२७–८९), योशित्सुने का भरोसेमन्द सेवक, जो अपनी वृद्धावस्था के बावजूद बहादुरी से लड़ा।

दिया। वहाँ 'हिकारी दो' नाम के तथाकथित स्वर्ण पूजाघर में श्रद्धापूर्वक उनका संस्कार किया गया था। उनके अवशेषों को सहेजे मृतक पेटिकाएँ वहाँ सुशोभित थीं, और तीन पवित्र छवियाँ भी। ये भवन भी सब कुछ निगल चुकी घास में नष्ट हो गये होते, उनकी बहुमूल्य सम्पदा बिखर चुकी होती, उनके जड़ाऊ कपाट टूट-फूट गये होते, स्वर्ण स्तम्भ धराशायी होकर चकनाचूर हो गये होते, किन्तु आभार उस बाहरी बनावट का और टाइलों की छादन का, कि कम से कम एक हज़ार वर्षों से वे इस स्मारक की रक्षा करती आ रही हैं।

मई की अनिर्वार वर्षा ने भी
अनछुआ रखा इसे—
यह स्वर्ण पूजाघर
मलिन आभा में आभावान है।

नाम्बू प्रदेशों की दिशा में जाते मुख्य मार्ग से मुँह मोड़ कर मैं इबाते ग्राम में आया और वहीं रात्रि-पड़ाव किया। अगले दिन ओगुरो अन्तरीय और नन्हे द्वीप मिज़ु का नज़ारा लेते हुए आगे चला। ये दोनों एक नदी में उपस्थित हैं। नासको उष्ण प्रपात के रास्ते मैं शितोमाए नाका गेट पहुँचा। उसने देवा प्रदेश का प्रवेश-मार्ग अवरुद्ध कर रखा था। नाका गेट की देखभाल करने वाले कर्मचारी अत्यन्त सशंकित थे, क्योंकि सामान्यतया इस दुरूह पथ से जाने का साहस विरले बटोही ही करते हैं। लम्बी प्रतीक्षा के बाद मुझे प्रवेश मिला। अत: जब मैं एक बहुत ऊँचे पर्वत पर चढ़ रहा था तभी अँधेरा घिर आया। सौभाग्य ही था कि उस निर्जन स्थान में एक गेटकीपर का घर दिख गया। रात्रि-पड़ाव के लिए मैं वहीं पहुँचा। तभी एक प्रचण्ड तूफ़ान ने आ घेरा, जिसकी वजह से तीन दिन मुझे वहीं रुके रहना पड़ा।

खटमलों और मच्छरों का कोप झेलता
सोया मैं एक शय्या पर,
मेरे सिरहाने के पास ही
हर समय लघुशंका निवारण करता रहता था एक घोड़ा।

गेटकीपर ने बताया कि देवा के मार्ग में काफ़ी दूर तक फैली हुई ऊँची-ऊँची पर्वत शृंखला है और पथ भी भयानक भटकाव वाला है। अत: मैंने अपने साथ भाड़े पर एक मार्गदर्शक ले जाने का निश्चय किया। गेटकीपर बड़ा भलामानुस था। उसने एक हट्टा-कट्टा जवान मेरे साथ कर दिया।

उसकी कमर में एक तलवार बँधी थी और हाथ में बाँज की एक बहुत मजबूत लाठी। इस प्रकार, उस मार्ग-दर्शक का अनुयायी होकर मैं आगे की यात्रा पर निकला। कुछ आगे बढ़ते ही गेटकीपर की बातें सच साबित होने लगीं। पहाड़ ख़ूब घनी छाया वाले वृक्षों से लदे थे। उनके नीचे से चलते हुए ऐसा लगता था जैसे हम रात में यात्रा कर रहे हों। दूर-दूर तक एक भी परिन्दा नहीं, न कोई और हलचल। हवा ऐसी मानो झूलते मेघों की हरेक दराज से काला-काला धुआँ उगल रही हो। बाँसों के घने झाड़-झंखाड़ के बीच से होते हुए, कई नदी-नाले पार करते हुए, अदृश्य चट्टानों से टकराते-लड़खड़ाते हुए आगे बढ़ना पड़ रहा था। इस तरह बहुत सा ठण्डा पसीना बहा कर, अन्त में हम मोशामी गाँव पहुँच गये। मेरे मार्गदर्शक ने यह कह कर मुझे बधाई दी कि आप सचमुच भाग्यशाली हैं जो सकुशल पहाड़ों को पार कर यहाँ तक पहुँच गये, क्योंकि पहले जब-जब मैं इधर से आया, कोई न कोई दुर्घटना अवश्य घटी। मैंने सच्चे मन से उसे धन्यवाद दिया और हम एक-दूसरे से अलग हुए। इसके बाद भी कुछ देर तक मेरे मानस में भय का भाव अटका रहा।

तत्पश्चात् मैं ओबानाज़ावा क़स्बे में सेइफ़ू[१] से मिलने गया। एक समृद्ध व्यापारी होते हुए भी सच्चे अर्थों में वह काव्य-रुचि-सम्पन्न व्यक्ति था। उसे दुरूह यात्रा में होने वाली कठिनाइयों की भी गहरी समझ थी, क्योंकि उसे स्वयं प्राय: राजनगरी की यात्रा करनी पड़ती थी। उसने मुझे, जब तक मैं चाहूँ, अपने घर पर ठहरने का आमन्त्रण दिया और मुझे हर प्रकार की सुख-सुविधा सुलभ कराने की कोशिश की।

लगा कि मैं अपने घर में हूँ,
मानो मेरा ही घर हो यह,
सोता हुआ सुकून से
शुद्ध हवा वाले इस घर में।

× ×

कुदक आओ बेधड़क
और दिखाओ मुझे अपना चेहरा,
ओ एकाकी स्वर दादुर के

---

१. सेइफ़ू (१६५१-१७२१); ओवानाज़ावा का यह व्यापारी, व्यापारिक कार्यों से जब भी इदो जाता, बाशो से बिना मिले वापस न लौटता।

रेशम-कीट-नर्सरी के नीचे से आते।

आँखों के आगे
एक पाउडर-ब्रश को धारे
चहलक़दमी की मैंने
लाले पौधों* के मध्य।
रेशम-कीट-नर्सरी में
नर-नारी
यूँ वस्त्राभूषित
मानो हो देवता पुरातन युग के।

—'सोरा'-लिखित

यामागाता प्रदेश में र्‌यूशाकुजी नाम का एक देवालय था। उसकी स्थापना महान् पुरोहित जिकाकु[१] ने की थी और वह अपने पवित्र परिसर की पूर्ण प्रशान्ति के लिए प्रसिद्ध था। प्रायः सभी ने उसके दर्शन का परामर्श दिया, अतः ओबानाज़ावा में अपने भ्रमण में किंचित् परिवर्तन करके मैं वहाँ गया। वहाँ जाने के लिए मुझे कोई सात मील अतिरिक्त चलना पड़ा। जब वहाँ पहुँचा तो तीसरा पहर बीतने-बीतने को था, अतः पर्वत की तलहटी में पुरोहित के साथ अपने ठहरने का प्रबन्ध करके मैं चढ़ाई चढ़ने लगा। देवालय पर्वत की चोटी के लगभग पास था। पूरा पर्वत विशालकाय शिलाओं से बना था और बहुत पुराने चीड़ व बाँज के वृक्षों घिरा हुआ था। पथरीला मैदान मखमली काई से घिरा स्वयं ही प्रशान्त रंग में रँगा हुआ था। शिलाओं पर निर्मित देवस्थलियों के कपाट मजबूती से बन्द थे और कहीं कोई आवाज़ नहीं सुनायी देती थी। मैं जब एक से दूसरी शिला पर से गुज़रता हुआ चारों देवस्थलियों की परिक्रमा कर रहा था और प्रत्येक देवस्थली के सम्मुख श्रद्धापूर्वक झुक कर नमन कर रहा था, तो ऐसा प्रतीत हुआ कि इस पावन परिवेश की निर्मल शक्ति मेरे सम्पूर्ण अस्तित्व पर छा रही है।

निपट नीरवता में
एक मन्दिर के,

---

* लाले-पौधे = rouge plants

१. जिकाकु (७९४-८६४), तेंदाइ सम्प्रदाय का एक पुरोहित। उसने इस देवालय की स्थापना ८६० ई. में की।

एक झींगुर का स्वर-मात्र
भेदता है शिलाओं को।

मैं मोआमी नदी के उतार की दिशा में नौका-यात्रा करना चाहता था, किन्तु जब मैं ओइशिदा में उपयुक्त मौसम की प्रतीक्षा कर रहा था, मुझे बताया गया कि एक बार शृंखलाबद्ध कविता (Linked verse) के जो पुराने बीज हवा के झकोरे से यहाँ बिखर गये थे वे अंकुरित और सरसब्ज़ हुए और अभी भी हर वर्ष अपनी पुष्प-छटा छितराते हैं। इस तरह ग्रामजनों की शुष्क संवेदना को बाँसुरी के स्पष्ट स्वर की भाँति कोमल बनाये हुए हैं। किन्तु ये ग्राम-कवि फ़िलहाल सही और उचित दिशा की खोज में भटक रहे हैं। चूँकि यहाँ कोई उन्हें सही राह दिखाने वाला नहीं है, अतः नयी और पुरानी शैलियों के बीच के भेद को पहचान नहीं पाते। फलतः उनके अनुरोध पर मैं उन लोगों के साथ बैठा। शृंखलाबद्ध कविता का एक सर्ग, सभी की भागीदारी से, रचा गया, जिसे उपहारस्वरूप मैं उन्हीं के बीच छोड़ आया। यह मेरे लिए सचमुच बहुत प्रसन्नता की बात थी कि अपनी भ्रमण-यात्रा के दौरान इस तरह की सहायता कर सका।

मोगामी नदी का उद्‌गम सुदूर उत्तर के उत्तुंग पर्वतों में है और उच्च प्रवाह यामागाता प्रदेश से होकर बढ़ता है। यह नदी 'चितलीदार चट्टानों' और 'चील प्रवाह'[१] जैसे कई ख़तरनाक स्थलों से होकर आगे बढ़ती है और अन्त में, इताजिकी पर्वत के उत्तरी छोर को प्रक्षालित करती हुई, सकाता के समुद्र में स्वयं को सौंप देती है। जब एक नौका में मैं इस नदी में उतरा, तो ऐसा प्रतीत हुआ कि दोनों ओर से पहाड़ बस मेरे ऊपर गिरने ही वाले हैं, क्योंकि नौका छोटी-सी थी, पुराने समय में किसानों द्वारा धान की लाँक ढोने वाली डोंगियों जैसी, और दरख़्त अपनी शाखाओं व पत्तों के भार से बेतरह बोझिल! मैंने लक्ष्य किया कि 'रुपहले तारों वाला जलप्रपात'[२] हरी पत्तियों के बीच से चमक रहा है और सेनिदो नाम का देवालय तट से सटा खड़ा है। नदी अपने किनारे तक उफन रही थी और नाव लगातार संकटों से जूझ रही थी।

---

१. जापानी नाम : गोतेन (Goten), हायाबुसा (Hayabusa)

२. जापानी नाम : शिराइतो-नो-ताकी (Shiraito-no-taki)

समेटती हुई सारा वर्षा-जल
मई महीने का
बह रही है नदी मोगामी
एक प्रचण्ड धारा में।

हागुरो पर्वत पर मैं ३ जून को चढ़ा। मित्रवर ज़ुशी साकिची[१] के प्रवास से वहाँ के प्रधान पुरोहित एगाकु[२] से मुलाकात तय हो गयी थी। वही उन दिनों इस सम्पूर्ण देवालय-समूह के कार्यकारी और सर्वेसर्वा थे। उन्होंने कृपापूर्वक मुझसे भेंट की और दक्षिण घाटी में देवालय से संलग्न एक स्थान में ठहरने को एक आरामदेह आवास दिया।

अगले दिन मुख्य सभा भवन में कुछ शृंखलाबद्ध कविता (Linked verse) रचने के उद्देश्य से उन पुरोहित महाशय के साथ एक बैठक हुई। मैंने लिखा :

सचमुच ही धन्य है
यह दक्षिण घाटी,
जहाँ सौम्य वायु हिम की
मन्द सुगन्ध से सुवासित है।

पाँच जून को मैं गोंगेन देवस्थली के दर्शन करने गया। इस देवस्थली की स्थापना पुरोहित नोजो ने की थी, किन्तु उसके समय का ज्ञान किसी को नहीं। वैसे, ९०५-२७ ईस्वी काल में संगृहीत 'एंगिशिकी : एंगी काल के दरबारी रस्म-रिवाज' में उल्लेख है कि देवा प्रदेश में 'सातो' पर्वत पर एक पवित्र देवस्थली है। (नियम-क़ानून का यह विशाल ग्रन्थ ५० खण्डों में है। इसका सम्पादन सम्राट दाइगो के आदेश से फुजिबाश-नो-तोकिहिरा : ८७१-९०९ तथा अन्य विद्वानों ने किया था।) लिपिक को लिखना चाहिए था 'कुरो', किन्तु वह लिख गया 'सातो', क्योंकि इन दोनों ध्वनियों के लिए जो चीनी भाव-चित्र प्रयुक्त होते हैं, वे बहुत अधिक एकरूप हैं। देवा प्रदेश में उक्त पर्वत का वर्तमान नाम—हागुरो—सम्भवतः 'कुरो' का परिवर्तित रूप है। इतिहास की एक स्थानीय पुस्तक के अनुसार इस प्रदेश का 'देवा' नाम भी इसलिए पड़ा कि हर वर्ष यहाँ से ढेरो-ढेर पंख श्रद्धा-

---

१. यामागाता प्रिफेक्चर के तामुके गाँव का एक रँगरेज, वह 'रोमान' उपनाम से काव्य-रचना करता था। सन् १६९३ तक जीवित रहा।

२. यह १६८७ से १६९१ तक वहाँ का कार्यकारी प्रधान रहा। सन् १७०७ में निधन हुआ।

स्वरूप सम्राट को भेजे जाते थे। बहरहाल, जो भी हो, हागुरो पर्वत पर स्थित यह देवस्थली, गास्सान और युदोनो पर्वतों पर स्थित अन्य दो देवस्थलियों के साथ, उत्तर की तीन पवित्रतम देवस्थलियों में गिनी जाती है। इसे इदो (आज का तोक्यो) के तोइई पर्वत पर स्थित देवालय की सहोदरा देवस्थली भी माना जाता है। यहाँ तेंदाई सम्प्रदाय (इसे जापान में लाने का श्रेय गांजिन (६८८–७६३) को जाता है।) में प्रतिपादित पूर्ण ध्यान का सिद्धान्त चन्द्रमा की निर्मल रश्मियों की भाँति प्रभासित है और आत्मिक स्वाधीनता एवं प्रबोधन के नियम गहन अंधकार में दीपक की भाँति अपना आलोक बिखेरते हैं। यहाँ हज़ारों ऐसे घर हैं, जहाँ पुरोहितगण पूर्ण संयम के साथ धार्मिक कृत्य सम्पन्न करते हैं। वस्तुतः इस पर्वत-स्थल का समूचा परिवेश चमत्कारिक प्रेरणा और आध्यात्मिक विस्मय से पूरित है।

८ जुलाई को मैंने गास्सान पर्वत का आरोहण किया। गले में सफ़ेद काग़ज़ की एक पवित्र डोरी और सिर पर झक्क सफ़ेद सूती टोपा। इस वेशभूषा में, मार्गदर्शक की अगुआई में, पर्वत-शिखर तक के आठ मील लम्बे अभियान पर निकला। बर्फ़ और कोहरे की भारी हवा में साँस लेता और पुआल की चप्पलों में फिसलता-घिसटता हुआ। अन्त में आया मेघों का प्रवेश-द्वार। मानो सूर्य और चन्द्रमा तक जाने का रास्ता उसी से होकर हो! बहरहाल! उसमें से होकर जब मैं शिखर पर पहुँचा तो मेरी साँस पूरी तरह उखड़ चुकी थी और शरीर जम कर लगभग बेजान हो चुका था। सूर्य अस्त हो चुका था और चन्द्रमा अपनी छटा बिखेरते हुए आकाश में सुशोभित था। बहरहाल, मेरी जो शारीरिक-मानसिक स्थिति थी, उसमें कुछ सुहा नहीं रहा था। मैंने ज़मीन पर कुछेक पत्तियाँ बिछाईं और बाँसों की पत्तीयुक्त टहनियों का सिरहाना बनाकर सो गया। अगली सुबह जब सूर्य फिर उगा और बादलों को तितर-बितर किया, मैं नीचे युदोनो पर्वत की दिशा में चला।

अभी मैं उतर ही रहा था कि छोटी-सी जलधारा के ठीक ऊपर एक पुरानी लोहसायँ (Smithy) पर मेरी नज़र पड़ी। मार्ग-दर्शक ने मुझे बताया कि गास्सान[१] नाम का एक स्थानीय लोहार यहीं अपनी तलवारें बनाता था और

१. केन्क्यु काल (११९०-९८) का एक लोहार, जो अपनी बनायी तलवारों के लिए प्रसिद्ध था।

यहीं के निर्मल जल में उन्हें चमकाता-सान चढ़ाता था। वह इतने कौशल से और रम कर तलवारें बनाता कि दुनिया भर में उसकी तलवारों की सराहना हुई। उसने अपनी लोहसायँ के लिए यह जगह जान-बूझकर चुनी होगी। शायद उसे यहाँ के पानी में घुली एक ख़ास क़िस्म की चमत्कारी शक्ति की जानकारी रही होगी। वैसी ही चमत्कारी शक्ति के लिए चीन में र्‌योसेन प्रपात[१] के पानी की प्रसिद्धि है। कन्शू और बकुया का दृष्टान्त भी यहाँ अप्रासंगिक नहीं होगा (वु राजवंश काल के ये लोहार पति-पत्नी तलवार बनाने की अपनी कला के लिए बहुत विख्यात थे। —अनु.)। उससे यह शिक्षा मिलती है कि आपकी रुचि जो भी हो, गहरे समर्पण भाव के बिना आप कुछ भी हासिल नहीं कर पायेंगे। एक शिला पर बैठा जब मैं यह चिन्तन कर रहा था, सामने मुझे चेरी का एक वृक्ष नज़र आया, मुश्किल से तीन फुट ऊँचा। उसमें बौर आना शुरू ही हुआ था—उपयुक्त मौसम से बहुत पीछे, किन्तु तब भी विजयी—बर्फ़ की बेतहाशा मार के मुकाबले, जिससे वह छह महीने से भी अधिक समय से जूझता आ रहा था। तत्काल मुझे याद आयी प्रसिद्ध चीनी कविता, जो 'ग्रीष्म की भीषण तपिश में मुकुलित अलूचे के दरख़्त' के बारे में है (सन्दर्भ सुंग राजवंश काल के कवि चेन यू-इ की एक कविता का। —अनु.), और उतनी ही करुणाप्रद कविता पुरोहित ग्योसोनकी (हेइयान युग का एक पुरोहित जो ११३५ ई. तक जीवित रहा। बाशो ने 'किन्यो शू' संकलन में से उसकी कविता का उल्लेख किया है। —अनु.), और तब अपने सामने के चेरी वृक्ष के प्रति मुझे और अधिक लगाव महसूस हुआ। इस पर्वत में कई और रोचक चीज़ें भी मुझे नज़र आयीं, किन्तु एक तीर्थयात्री के लिए जो नियम निर्धारित हैं, उन्हें ध्यान में रखते हुए मैं उनके विवरण देने से बच रहा हूँ। अपने ठिकाने पर जब मैं वापस लौटा, तो मेरे आतिथेय एगाकु ने, तीनों पर्वतों की तीर्थयात्रा का जो प्रभाव मेरे मन पर पड़ा, उसे कविता में रूपान्तरित करने को कहा। अतः काग़ज़ की छोटी-सँकरी जो पट्टियाँ उन्होंने उपलब्ध करायीं उन पर मैंने लिखा :

> कितना शीतल है यह,
> पीला अर्द्धचन्द्र चमकता हुआ
> हागुरो पर्वत की

---

१. यह प्रपात चीन के शिक्यिांग प्रदेश में था।

अँधेरी घाटी के ऊपर।

× ×

कितनी पाँतें बादलों की
उभरीं और छितर गयीं, चकित हूँ मैं
गास्सान पर्वत के ऊपर
मौन चन्द्रमा के उदय होने के पूर्व।

× ×

मनाही है उद्‌घाटित करने की
युदोनो पर्वत के पावन रहस्यों को,
तर कीं अपनी आस्तीनें मैंने
मौन अश्रुओं की बाढ़ में।

× ×

अश्रु प्रवाहित हो उठे आँखों से
जब सचेत रूप में चला मैं
सिक्कों के ऊपर
युदोनो पर्वत के पवित्र पथ पर।

—सोरा द्वारा लिखित

अगले दिन हागुरो पर्वत से प्रस्थान कर त्सुरु–गा–ओका नाम के दुर्ग–नगर में पहुँचा, जहाँ योद्धा नागायामा शिगेयुकी ने मेरा हार्दिक स्वागत किया। वहाँ उनके और, हागुरो पर्वत से यात्रा में लगातार साथ रहे, ज़ुशी साकिचि के साथ मैंने श्रृंखलाबद्ध कविता का एक सर्ग रचा। तत्पश्चात् उनसे विदा लेकर पुनः मैं एक नौका में मोगामी नदी में उतरा और साकाता बन्दरगाह पहुँचा, जहाँ चिकित्सक एन आन फुग्योकु[१] ने मेरा अतिथि–सत्कार किया।

आनन्दित हुआ मैं सांध्य–शीतलता में
तेज़ हवाओं वाले फुकुउरा–तट के संग,
पीछे मेरे आत्सुमी पर्वत
अभी तक तपता हुआ धूप में।

× ×

मोगामी नदी ने डुबो दिया

---

१. सन् १६९७ तक जीवित रहा, साकाता का चिकित्सक और कवि। बाशो की समीक्षात्मक टिप्पणियों के साथ 'आकि नो यो' नाम से उसका एक कविता–संग्रह प्रकाशित हुआ था।

दूर और गहरे
ठाठें मारती लहरों के नीचे
ग्रीष्म की प्रज्वलित धूप को।

अपने प्रस्थान क्षण से प्राकृतिक सौन्दर्य के असंख्य उदाहरण मेरे देखने में आये, जो धरती और जल, नदियों और पर्वतों ने एक संगति में सिरजे हैं, तब भी किसागाता का वह अद्भुत अपूर्व सौन्दर्य—वह सागर-सरोवर (Lagoon) जो साकाता के उत्तर-पूर्व में स्थित है, देखने की उत्कट इच्छा जो मेरे मन में थी, उसे किसी तरह दबा पाना सम्भव नहीं हुआ। अतः मैंने दस मील के सफ़र के लिए एक सँकरी पगडण्डी पकड़ी और खड़ी पहाड़ियाँ चढ़ता, चट्टानी तटों पर उतरता अथवा रेतीले पुलिनों पर घिसटता आगे ही आगे बढ़ता रहा। किन्तु जब मन्द सूरज क्षितिज-रेखा को छूने-छूने को था, ठीक तभी समुद्र से हवा का एक प्रचण्ड बवण्डर उठा—महीन रेत के बगूले उठाता, बारिश की तेज बौछारें फेंकता और आकाश के आरपार बादलों की एक भूरी चादर फैलाता हुआ। दृश्यता का यह हाल कि चोकाई पर्वत भी आँखों की पकड़ से परे। अब स्वयं ही सारे दृश्यों के चित्र उरेहता, लगभग अर्ध-अन्धावस्था में अन्ततः एक मछुआरे के झोपड़ पर पहुँचा—आश्वस्त था कि अगर भूरी बारिश में इतना सौन्दर्य है, तो साफ़ मौसम में निश्चय ही और अधिक होगा।

अगली सुबह एक खुले-स्वच्छ आसमान और चमकती धूप ने मेरी आँखों का स्वागत किया और एक खुली नौका में मैंने उस सागर-सरोवर को पार किया। सबसे पहले मैं पुरोहित नोइन[१] के नाम वाले एक छोटे द्वीप पर रुका। मेरी इच्छा उनका वह आवास देखने की थी, जहाँ तीन वर्ष उन्होंने बिताये थे। फिर मैं उसके सामने के तट पर उतरा जहाँ वह उम्रदराज चेरी वृक्ष था, जिसे साइग्यो[२] ने 'फूलों की लहरों पर नौकायन' लिखकर सम्मानित किया था। वहाँ सम्राज्ञी जिंगू[३] की समाधि और कन्मांजुजी नाम

---

१. नोइन होशी (ज. ९८८ ई.) हेइयन युग का एक महत्त्वपूर्ण कवि।

२. यहाँ बाशो का संकेत साइग्यो की इस कविता से है : ''लहरों से आवेष्टित/ऐसा दिखता/मानो मछुआरे/फूलों की लहरों पर/नौकायन कर रहे हैं—/किसागाता का वह चेरी वृक्ष।''

३. सामान्य धारणा है कि चौथी सदी के उत्तरार्ध में साम्राज्ञी जिंगू ने जापान पर शासन किया था और कोरिया को अपने अधीन करने का असफल प्रयास भी।

वाला देवालय भी था। सम्राज्ञी जिंगू के, यहाँ आने की बात पर मुझे थोड़ा अचरज हुआ और उसकी ऐतिहासिक प्रामाणिकता पर किंचित् सन्देह भी। किन्तु उस देवालय के एक बड़े और खुले कक्ष में बैठा हुआ मैं उस सागर–सरोवर का सम्पूर्ण दृश्य–दर्शन करके बहुत आनन्दित हुआ। कक्ष के गवाक्षों पर लटकते पर्दे लपेट देने पर एक अद्‌भुत नज़ारा मेरी आँखों के सम्मुख था। दक्षिण में चोकाइ पर्वत एक स्तम्भ की भाँति आकाश को छूता हुआ और उसका प्रतिबिम्ब जल में उभरता हुआ, पश्चिम में मुयामुया का नाका फाटक स्पष्ट दिखायी देता हुआ, पूर्व में अकिता तक जाता हुआ एक बहुत लम्बा उच्च पथ और, अन्त में, उत्तर में सागर–सरोवर का मुहाना, जिसे बाहरी सागर की लहरें लगातार टकराती हुईं। यद्यपि चौड़ाई में एक मील से कुछ अधिक यह सागर–सरोवर सुन्दरता और प्रभाव में मात्सुशिमा से तनिक भी घटकर नहीं है, तब भी दोनों में एक बुनियादी अन्तर है। मात्सुशिमा का सौन्दर्य, प्रभाव में, उत्फुल्लतापूर्ण है, जबकि किसागाता का आकर्षण उसकी रोती हुई–सी मुखाकृति की ख़ूबसूरती में है। वह सिर्फ़ एकाकी नहीं है, बल्कि किसी अज्ञात मन की अभिव्यक्ति की प्रभावी सादृश्यता है।

किसागाता की ऊँघती बारिश में
एक पुष्पित सेमल वृक्ष
स्मरण कराता है मुझे
दुखपूर्ण शोकगीत में डूबी कुलीना सेइशी[१] का।

× ×

क्रौंच उछलते हुए
शिओगोशी के जलीय तट पर
भिगोते हुए अपनी लम्बी टाँगें
समुद्र के शीतल प्रवाह में

× ×

कौन सी विशिष्ट वस्तु
प्रस्तुत की जाती है, सोचता हूँ असमंजस से,
किसी उत्सव दिवस
किसागाता आने पर!

(सोरा द्वारा लिपिबद्ध)

---

१. अपनी उदास छवि के लिए प्रसिद्ध, वु और युएह राजवंशों से सन्दर्भित, एक कुलीन स्त्री।

बैठे हुए पूरे सुकून से
अपनी झोपड़ियों के मुहार पर
मछुआरे आनन्द लेते
एक ठण्डी शाम का।

(मिनो के व्यापारी तेइजी द्वारा लिपिबद्ध)

एक कविता एक शिला पर नीड़ बनाये एक एकनिष्ठ मछरंग युगल के लिए :

किस दिव्य सहज बोध ने
शिक्षित किया है इन पखेरुओं को—
कोई भी लहर इतनी ऊँची उछाल नहीं भर पाती
कि इनके नीड़ को जलमग्न कर सके।

(सोरा द्वारा लिपिबद्ध)

कुछेक दिन साकाता में अटके रहने के उपरान्त, मैं कागा प्रदेश की राजधानी के १३० मील लम्बे सफ़र पर निकल पड़ा। जैसे ही मैंने देखा कि मेघ होकुरिकु मार्ग के पर्वतों के इर्द-गिर्द घिर रहे हैं, लम्बी दूरी के भाव ने मेरे हृदय को लगभग दबा ही डाला। फिर भी सारे समय स्वयं को आगे ही आगे ठेलते हुए मैं नेज़ु के नाका फाटक से इचिगो प्रदेश में प्रविष्ट हुआ और इक्चू (Ecchu) प्रदेश में इचिबुरी नाका फाटक पर पहुँचा। नौ दिनों के दौरान, जो इस ट्रिप में मेरे लगे, मैं ज़्यादा कुछ लिख नहीं पाया। गर्मी और उमस और मेरी पुरानी व्याधि ने मुझे बेतरह तंग किया।

रात कुछ अलग नज़र आती है
पहले ही, छह जुलाई को
क्योंकि कल, वर्ष भर में सिर्फ़ एक बार
'वीवर'[१] का मिलन उसके प्रेमी से होगा।

वृहदाकार आकाशगंगा
एक ही धनुषाकृति में पसरी हुई
महातरंग-किरीटी सागर के आरपार,
गिरती हुई उस पार सादो पर।

---

१. जापानी ज्योतिर्विज्ञान के अनुसार 'वीवर' एक स्त्रीवाची नक्षत्र। वहाँ लोकविश्वास है कि प्रत्येक वर्ष सात जुलाई को 'वीवर' की, उसके प्रेमी नक्षत्र 'शेफर्ड' से युति होती है। यह भी मान्यता है कि मध्यवर्ती आकाशगंगा ने इन दोनों को विलगा रखा है।

सागरतटीय, 'बच्चों से पीड़ित माँ-बाप' ('ओयाशिराज़ु'), या 'माँ-बाप से पीड़ित बच्चे' ('कोशिराज़ु'), 'भौंकते हुए कुत्ते' ('इनुमोदोरी'), 'खदेड़ते हुए घोड़े' ('कोमागाइशी') जैसे भयंकर नामों वाले, अनेक ख़तरनाक स्थलों को पार करके इचिबुरी के नाका फाटक पर पहुँचने के उपरान्त, शरीर और मन से बेहद थका हुआ मैं जल्दी ही शयनशैया पर चला गया। फिर भी; बगल के कमरे से आती दो युवा स्त्रियों की फुसफुसाहट से, नींद उड़ गयी। वे बहुत धीरे-धीरे एक उम्रदराज व्यक्ति से बातें कर रही थीं। उनकी फुसफुसाहट से मैं यह जान सका कि वे इचिगो प्रान्त के नीगाता नामक स्थान की कंकुबाइनें (रखेलियाँ) हैं, और वह व्यक्ति 'इसे' देवस्थली की यात्रा में, उनके साथ यहाँ तक आया है और अगले दिन मित्रों और सम्बन्धियों के लिए उनके सन्देश लेकर उसे घर वापस लौटना है। उन दोनों युवा स्त्रियों के प्रति सहानुभूति से मेरा मन भर आया। मेरे मन पर यह प्रतिक्रिया, दराजों से छन कर आती उनकी स्वगत कथन जैसी फुसफुसाहट से हुई। उनकी बातों का सार यह था, कि 'हमें तो तट पर टक्कर मारती लहरों के सफ़ेद झाग की तरह लगातार भटकते ही रहना है। क्या तो ज़िन्दगी है कि हर रात एक नये सहवासी की तलाश और हर मोड़ पर वफ़ादारी की झूठी कसमें। यानी गुनाह दर गुनाह!'

बेहद थकान से भरकर जब तक मैं सो नहीं गया, उनकी फुसफुसाहटें मेरे कानों से टकराती रहीं।

अगले दिन सुबह, राह चलते, फिर उन स्त्रियों से सामना हो गया। वे मेरे निकट आयीं और आँसुओं से छलछलाती आँखों से निहारते हुए कहा, "हम भाग्यहीन निरवलम्ब यात्री हैं, यहाँ से, इस रास्ते से बिल्कुल अपरिचित। क्या आप हम पर इतनी कृपा करेंगे कि आपके मार्गदर्शन में हम आगे की यात्रा कर सकें ? यदि आप एक पुरोहित हैं, जैसा कि आपके काले चोगे से प्रतीत होता है, हम पर दयालु हों और परमपिता के प्रति महान् प्रीतिभाव जागृत कर हमारी सहायता करें।" क्षण-भर गम्भीर भाव से सोचने के पश्चात् मैंने कहा, "आपकी बातों ने मुझे गहरे तक प्रभावित किया। किन्तु मुझे यात्रा के मध्य कई जगहों पर रुकना है। अतः मैं मार्गदर्शन में आपकी सहायता नहीं कर पाऊँगा। अच्छा होगा कि जिस रास्ते अन्य यात्री जा रहे हैं उसी रास्ते आप दोनों भी चलती चली जायें। यदि आपका परमपिता पर भरोसा है तो उसके दिव्य संरक्षण से आप

वंचित नहीं होंगी।'' फिर भी, जब मैं इतर पथ पर मुड़ा, तो मेरा हृदय निरन्तर करुणा और दयाभाव से विगलित रहा।

एक ही छत के नीचे
सोये हम सब, साथ-साथ,
कंकुवाइनें और मैं—
सिरपेंचा और चन्द्रमा।

यह कविता मैंने सोरा को सुनायी तो उसने तुरन्त उसे अपनी नोटबुक में लिख लिया।

कुरोबे नदी की तथाकथित अड़तालिस क्षिप्रिकाएँ (Rapids) तथा अन्य अनगिनत जलस्रोतों को पार करने के बाद हम 'नागो' ग्राम आये, जहाँ मैंने 'ताको' नामक हल्के बैंगनी फूलों और फलियों वाली प्रसिद्ध लताओं के बारे में पता किया। यद्यपि ये लताएँ वसन्त में पुष्पित होती हैं, किन्तु मैं शरद के दिनों उनकी नैसर्गिक छटा देखना चाहता था। ग्रामवासियों ने बताया कि ताको लताएँ तट-रेखा के साथ-साथ पाँच मील की दूरी तय करने के बाद, पहाड़ के पार, देखने को मिलेंगी। यह भी मालूम हुआ कि वह निपट निर्जन क्षेत्र है। एक मछुआरे तक की झोपड़ी वहाँ नहीं कि रात का टिकान किया जा सके। यह सब सुनकर मैं इतना भयभीत हो उठा, कि ताको लताओं की शरत-छटा निहारने के प्रलोभन को मन में ही दबाकर मैं सीधे 'कागा' प्रान्त की दिशा में बढ़ चला।

पकते धानों के खेत से उठती
भाप के बीच से मैं आगे बढ़ा,
दायीं ओर ढलान के नीचे
क्रुद्ध सागर 'अरिसो उमी' की
उमड़ती ऊर्म्मियाँ।

पन्द्रह जुलाई को मैं, उनोहाना-यामा पहाड़ों और कुरिकारा-दानी घाटियों के पार, कानाज़ावा नगर में प्रविष्ट हुआ। वहाँ मेरी मुलाकात ओसाका के व्यापारी काशो[१] से हुई। उसने मुझे अपनी पान्थशाला में ठहरने को आमन्त्रित किया।

---

१. काशो के जन्म वर्ष की जानकारी नहीं है। उसका निधन १७३१ ई. में हुआ। इस्शो के आकस्मिक निधन से व्यथित होकर उसने यह कविता लिखी थी :

उस नगर में इस्शो[1] नाम के एक व्यक्ति के होने की जानकारी मुझे थी। वह कविता का असाधारण प्रेमी था और उस काल के कवियों के मध्य उसने चिरस्थायी प्रतिष्ठा अर्जित की थी। तथापि, मुझे बताया गया कि गत वर्ष शीतऋतु में अकस्मात् उसका निधन हो गया। मैंने उसके भाई के द्वारा आयोजित स्मृति सभा में हिस्सा लिया।

उठो, चलो, ओ मेरे मित्र के मौन स्तूप,
यदि तुम तक मेरी आवाज़ पहुँच पा रही हो!
मेरा आत्मविलाप, और उत्तरस्वरूप
शारदीय मरुत् का अट्टहास।

एक विशिष्ट आश्रम में बैठकर लिखी गयी यह कविता :

शरदऋतु के एक सिहरन भरे दिन,
आओ, छीलें अपने हाथों
खीरे और जंगली सेब
सादे-निराडम्बर भोजन हेतु!

पथ पर चलते हुए सम्भव हुई यह कविता :

रक्त, रक्तवर्ण है आतप
निर्मम रूप से उदासीन,
तथापि, वात को मालूम है
प्रारम्भिक सिहरन की प्रत्याशा।

'बौना देवदार' (कोमात्सु) नाम के स्थल पर :

← शारदीय झंझा में
एक पद्म तो होगा ही
आसीन होने को
शाश्वत शान्ति हेतु।

१. इस्शो (१६५३-१६८८) कानिज़ावा का एक सम्भावनाशील कवि था। कहते हैं, निधन से कुछ पहले उसने यह कविता रची थी :

कितना रमणीय है यह,
धरती पर हिमराशि,
और पश्चिम में मेघमेदुर
जो और अधिक रमणीयता लाता है।

बौना देवदार, निश्चय ही
है एक सौम्य नाम, और शीतल समीर
सिरपेंचा वल्लरियों को, कुश-काँस वनों को
आहिस्ते-आहिस्ते सहलाते बहता है।

तदुपरान्त मैं निकट ही स्थित 'तादा' देवस्थली गया। वहाँ मैंने सामन्त सानेमोरी[1] का शिरस्त्राण (हेल्मेट) तथा ज़रीदार कपड़े का टुकड़ा, जो वह अपने कवच के नीचे लगाता था, देखे। अनुश्रुतियों के अनुसार ये वस्तुयें उसे, जिस दौरान वह मिनामोतो राजवंश[2] की सेवा में था, सामन्त योशितोमो[3] ने प्रदान की थीं। शिरस्त्राण निश्चय ही एक असाधारण वस्तु था। उस पर, मुँह और कान तक के भाग को घेरते हुए, सुनहरे रंग के गुलदाउदी पुष्प उत्कीर्णित थे। किरीट पर एक भयानक ड्रेगन सगर्व प्रतिष्ठित था और दो उत्कीर्णित शृंग थे, जिनकी नोकें आकाशोन्मुख सुती हुई थीं। देवस्थली के अभिलेखों के अनुसार, सामन्त सानेमोरी के वीरगति प्राप्त करने के उपरान्त, किसो योशिनाका[4] ने उक्त शिरस्त्राण एक प्रार्थनापत्र के साथ देवस्थली को समर्पित करने के लिए अपने प्रमुख परिचर हिगुची-नो-जिरो को भेजा था।

हत्प्रभ हूँ मैं सुनते हुए
झिल्ली की झनकार

---

१. साइतो सानेमोरी (११११-८३) मूलतः मिनोमोतो राजवंश की सेवा में था। बाद में वह ताइरा राजवंश की सेवा में चला गया। तिहत्तर साल की उम्र में उसने शिनोहारा के युद्ध में हिस्सा लिया और तेजुका मित्सुमोरी के हाथों वीरगति को प्राप्त हुआ।

२. मिनामोतो, सम्राट सागा (७८६-८४२ ई.) के वंशज थे। उन्होंने अपना स्वतन्त्र वंश (गेंजी) शुरू किया और योशितोमो (११४७-९९) के नेतृत्व में अत्यन्त शक्तिशाली हुए। इनकी प्रतिस्पर्धा सम्राट का कान्मु (७३७-८०६) के ताइरा वंशजों से हुई। ताइरा कियोमोरी (१११८-८१) के नेतृत्व में बहुत शक्तिशाली हुए।

३. मिनामोतो-नो-योशितोमो (११२३-६०) ने अपने पिता के विरुद्ध युद्ध किया और ११५६ ई. में होगेन ने युद्ध में उसका वध किया। तदनन्तर हेइजी के युद्ध में उसकी पराजय हुई और पलायन करते समय मार दिया गया।

४. किसो योशिनाका (११५४-८४) मिनामोतो राजवंश का एक प्रमुख नायक था। सैन्य-शक्ति खड़ी करने में वह बड़ा निपुण था, किन्तु राजनीतिक चतुराई का उसमें सर्वथा अभाव था।

एक पुराने-धुराने शिरस्त्राण के
अन्धे कोटर के भीतर

मैं जब यामानाका उष्ण प्रपात की दिशा में बढ़ रहा था, शिराने पर्वत का श्वेत शिखर लगातार पीछे से मेरी अनदेखी करता रहा। अन्त में मैं उस स्थल पर पहुँचा जहाँ एक पर्वत के दक्षिण पार्श्व में एक मन्दिर था। अनुश्रुति के अनुसार, इस मन्दिर का निर्माण सम्राट काज़ान[१] ने तथाकथित तैंतीस पवित्र मन्दिरों की परिक्रमा पूरी करने के उपरान्त दया और क्षमा की महान् देवी कान्नोन् की प्रतिष्ठापना हेतु कराया था और उसका नामकरण उपर्युक्त तैंतीस मन्दिरों में से क्रमशः पहले और अन्तिम के नामों—नाची और तानीगुमी—को परस्पर जोड़ कर किया था। उसके उद्यान में सुन्दर शिलाएँ और देवदार के पुराने दरख़्त थे और देवी, एक शिला पर छप्पर-छाई एक कुटी में प्रतिष्ठित थी। निश्चय ही वह सम्पूर्ण स्थल अद्भुत दृश्यों से भरपूर था।

शिला मन्दिर की
श्वेताभ शिलाओं से भी
बढ़ कर श्वेत
शरद् की हवाएँ बहती हुईं।

मैंने उस उष्ण प्रपात में स्नान का आनन्द लिया। जलीय गुणवत्ता में इस प्रपात का स्थान अदियाके[२] उष्ण प्रपात के ठीक बाद आता है।

पान्थशाला का आतिथेय कुमेनोसुके[३] नाम का एक युवा था। उसका पिता कवि था और उसके बारे में एक रोचक कथा प्रचलित थी। एक दिन जब तेइशित्सु[४] (क्योतो का एक विख्यात कवि, जो तब युवा था) इस स्थल पर आया तो उससे मिला और अपने कविता सम्बन्धी अज्ञान से बहुत

---

१. काज़ान (९६८-१००८ ई.) जापान का पैंसठवाँ सम्राट था।

२. सम्भवतः यहाँ स्थानोल्लेख में बाशो से चूक हो गयी है। अनुमानित रूप में ह्यूगो प्रिफेक्चर का अहिमा उष्ण प्रपात उनके ध्यान में रहा होगा।

३. कुमेनोसुके (१६७६-१७५१) ने तोयो कविनाम से हाइकू छन्द में कविताएँ रचीं। उसका पिता माताबेई भी कवि था और उसका कविनाम ताकेनोरी था।

४. तेइशित्सु (१६१०-७३) क्योतो का एक व्यापारी, तेइतोकु का शागिर्द। उसने 'ग्योक्काई शू' शीर्षक से एक काव्य-संचयन का सम्पादन किया।

दुखी हुआ—स्वयं को बहुत अपमानित अनुभव किया। अतः क्योतो लौट कर वह तेइतोकु[१] का शागिर्द हो गया और तब तक लगातार काव्यशास्त्र का अध्ययन करता रहा, जब तक एक स्वतन्त्र और सक्षम कवि के रूप में उसे मान्यता नहीं मिल गयी। सामान्यतया यह माना जाता है कि तेइशित्शु जीवन भर इस गाँव के किसी भी इच्छुक व्यक्ति को निःशुल्क काव्य-शिक्षा देता रहा। इसी समय मेरे सहचारी-सहकारी सोरा के पेट में असह्य वेदना शुरू हो गयी। सम्भव उपचार के बाद भी जब उसे कोई राहत नहीं अनुभव हुई, तो उसने हड़बड़ी में 'इसे' प्रान्त के नागाशिया गाँव के अपने सम्बन्धियों के यहाँ जाने का निश्चय किया। विदा होते समय उसने यह कविता रची :

> कोई फ़र्क़ नहीं पड़ता, कि
> राह में कहाँ मेरा प्राणान्त होता है,
> जहाँ भी छोड़ूँगा मैं साँस
> पुष्पित सिरपेंचा मेरी अन्तिम शैया होंगे।

जो बिछुड़ रहा था उसके दुख से और जो पीछे छूट रहा था उसके सन्ताप से मैं अत्यन्त विचलित हो उठा। यह ऐसा ही था जैसे कोई एकाकी विहग काली घटाओं के मध्य अपने साथी विहगों से बिछुड़ जाय। प्रत्युत्तरस्वरूप मैंने लिखा :

> आज के बाद, आह,
> तुहिन कण धो देंगे
> मेरी हैट पर अंकित शब्द
> 'दो जनों का पर्यटक दल'।

रात्रि-विश्राम के लिए मैं, कागा प्रान्त में, दाइशोजी दुर्ग के निकट स्थित ज़ेनशोजी देवालय में ही रुका रहा। विगत रात्रि सोरा भी वहाँ मेरे साथ था। जाने से पहले वह अपनी यह कविता देवालय को समर्पित कर गया था :

> पूरी रात सुना मैंने शरद पवन का
> हौहाता पहाड़ी पर
> देवालय-पार्श्व में।

---

१. तेइतोकु (१५७१-१६५३) एक विख्यात कवि एवं विद्वान।

सोरा और मैं एक रात के अन्तर से विलगित हुए थे, किन्तु यह ठीक वैसा ही था जैसे हमारे मध्य एक हज़ार मील का फ़ासला आ पसरा हो! मैं भी शारदीय हवाओं की हूह के मध्य शैया पर गया और अगली सुबह तड़के ही पुरोहितों के प्रार्थना गीतों की अनुगूँज के साथ उठ गया। उसके शीघ्र ही बाद कलेवा के लिए हमारी पुकार होने लगी। चूँकि मैं दिन ही दिन में इचिज़ेन प्रान्त पार कर लेना चाहता था, अतः मैंने बिना अटके देवालय छोड़ दिया। अभी मैं देवालय का परिसर पार भी नहीं कर पाया था कि एक युवा पुरोहित लेखन-सामग्री के साथ दौड़ता हुआ आया और स्मृति-स्वरूप एक कविता छोड़ जाने का अनुरोध किया। चूँकि उस उपवन में भिंसा (विलो) की कुछेक पत्तियाँ यहाँ-वहाँ छितराई हुई थीं, उन्हीं को लक्ष्य कर मैंने लिखा :

> आकांक्षा है कि
> उपवन में छितराई
> भिंसा पत्तियों को चुनूँ—
> चुकाऊँ ऋण तुम्हारे उपकार का।

और अपनी पुआल-पादुकाओं की बद्धियाँ भी बिना कसे अविलम्ब मैं देवालय परिसर से बाहर आ गया।

इचिज़ेन प्रान्त की सीमा पर स्थित योशिज़ाकी पत्तन से मैंने एक नौका किराये पर ली और शिओगोशी के प्रख्यात देवदार वृक्ष को देखने चल पड़ा। उस स्थान का सफल सौन्दर्य, मेरे विचार से, साइग्यो की इस कविता में अभिव्यक्त हुआ है :

> सागर की लावणी तरंगों को
> विजित करने हेतु, आमन्त्रित करता मरुत को
> शिओगोशी का देवतरु
> सारी रात चुआता रहता है
> चन्द्रमा के प्रभासित बूँद।

क्या अन्य कोई इस देवदार वृक्ष पर एक और कविता रचने का साहस कर सकता है? यह वैसा ही होगा, जैसे हाथ की पाँच उँगलियों से आगे छठी उँगली जोड़ना।

वहाँ के बाद मैं मात्सुओका नगर स्थित तेन्र्युजी देवालय गया। वहाँ का

प्रधान पुरोहित मेरा पुराना मित्र था। होकुशी[1] नामक एक कवि कानाज़ावा से मेरे साथ जुड़ गया था। कानाज़ावा से प्रस्थान करते हुए उसने कल्पना तक नहीं की थी कि इतनी लम्बी मंज़िल पार कर लेगा। अब वह घर-वापसी का मन बना चुका था। सहयात्रा में हमने जो दृश्य साथ-साथ देखे थे उनसे सन्दर्भित उसने कई सरस कविताएँ रची थीं। उसे विदा करते हुए मैंने यह कविता रची :

विदा, मेरे पुराने पंखे!
गोदते हुए कुछ इस पर,
क्या कर सकता था और भला
ग्रीष्मान्त में इसे नष्ट कर देने के सिवा!

मात्सुओका से कोई डेढ़ मील का चक्कर लगाकर मैं एइहेइजी देवालय गया। मन में आया कि यह किसी चमत्कार से कम नहीं कि पुरोहित दोगेन[2] ने देवालय हेतु यह एकान्त चुना।

फुकुइ नगर की दूरी मात्र तीन मील थी। व्यालू लेने के उपरान्त मन्दिर से विदा हुआ। अस्पष्ट पथ पर, ऊँची-नीची सतहों पर लड़खड़ाते-लटपटाते आगे बढ़ना था। उस नगर में तोसाई[3] नाम का एक कवि रहता था। कोई दस वर्ष पूर्व इदो में उससे मुलाक़ात हुई थी। पता नहीं वह महाप्रस्थान कर गया या अब भी त्वचान्मढ़ी अस्थियों की ठठरी ढो रहा है! एक पथचारी

---

१. होकुशी (मृ. १७१८ ई.) कानाज़ावा में तलवारों-छुरियों पर साज चढ़ाने का पेशा करता था। सन् १६९० में उसका घर एक अग्निकाण्ड में स्वाहा हो गया। इस प्रसंग पर उसने निम्न कविता लिखी। बाशो ने अपने संवेदना-पत्र में कविता की भूरि-भूरि प्रशंसा की—

भस्भीभूत हो गया आवास मेरा,
किन्तु मेरे उपवन का चेरी वृक्ष
छितराता रहता है अपनी पुष्पराशि
मानो कुछ अघट घटा ही न हो!

२. दोगेन (१२००-५३) सोतो सम्प्रदाय के प्रवर्तक थे। उन्होंने एइहेइजी देवालय का निर्माण कराया और ज़ेन धर्मसिद्धान्त के प्रवचन किये।

३. तोसाई के जन्म और निधन वर्षों का कोई विवरण उपलब्ध नहीं है। इसकी कविताएँ किगिन् (१६२४-१७५०) द्वारा सम्पादित 'शिंज़ोकु इनु-त्सुकुमाशु' संकलन में उपलब्ध हैं।

के मार्ग–निर्देशन में उससे मिलने गया। चन्द्रकान्ति पुष्पों (moon flowers) की कतारों, तूम्बी की बेलों के झुरमुट द्वारा शेष बस्ती से अलगाती पिछवाड़े की गली में स्थित जब मैं एक दीन–हीन कुटीर के सम्मुख पहुँचा, तो मुझे अनुमान लगाने में विलम्ब नहीं हुआ कि यही मेरे मित्र का आवास है। द्वार पर दस्तक दी, तो एक उदास चेहरे वाली स्त्री ने बाहर की ओर झाँकते हुए पूछा, ''क्या आप कोई पुरोहित हैं? कहाँ से आये हैं?'' फिर उसने बस्ती के एक निश्चित स्थान की ओर संकेत करते हुए कहा कि इस कुटीर के स्वामी वहीं गये हैं। यदि आपको उनसे कुछ वार्ता करनी है तो आप वहाँ जा सकते हैं। उस महिला को देखकर मैंने अनुमान किया कि उसे मेरे मित्र की पत्नी होना चाहिए। कहानियों की एक पुरानी पुस्तक में पढ़ी एक कहानी में वर्णित ऐसे ही कुटीर और ऐसे ही प्रसंग का स्मरण कर मन में मैंने तनिक भी गुदगुदी का अनुभव नहीं किया। अन्त में मित्र से मिलन हुआ और दो रातें मैंने उनके सत्संग और सान्निध्य में बिताईं। तीसरे दिन मैं वहाँ से विदा हुआ, क्योंकि मुझे त्सुरुगा पत्तन नगर में शरद पूर्णिमा को पूर्ण चन्द्र के दर्शन करने थे। तोसाई को मेरा भावी कार्यक्रम मालूम हुआ तो उत्साह से भर कर वह भी मेरे साथ चल पड़ा। उसके किमोनो के निचले सिरों की चुन्नटें मुझे कुछ विचित्र सी प्रतीत हुईं।

शिराने पर्वत की श्वेताभ चोटी शीघ्र ही आँखों से ओझल हो गयी और उसके स्थान पर हीना पर्वत की छवि उभर आयी। आसामुज़ु सेतु पार करने के उपरान्त तामाए के प्रसिद्ध कांस वन दिखायी दिये, जिनमें श्वेत पुष्प आ चुके थे। उगुइसु के नाका फाटक और युनो दर्रे से होकर हम हिउची दुर्ग आये। घर–अवाई ('होमकमिंग)[१] पहाड़ी से आता कलहंसों का क्रें–क्रें रोर सुनते हुए चतुर्दशी की रात्रि में हम त्सुरुगा पत्तन में प्रविष्ट हुए। आकाश पूरी तरह निर्मल था और चन्द्रप्रभा विलक्षण रूप से प्रभासित। अपनी पान्थशाला के आतिथेय से मैंने कहा, ''आशा करता हूँ, कल रात पूर्ण चन्द्रोदय के समय भी आकाश ऐसा ही निर्मल होगा।'' प्रत्युत्तर में उसने कहा, ''इस उत्तरी प्रान्तर का मौसम इतना परिवर्तनशील है कि अपने अब तक के अनुभव के बाद भी, कल के आकाश के बारे में कोई भविष्यवाणी कर सकना असम्भव है।'' एक बोतल शराब के सत्संग में

---

१. जापानी नाम 'काइरु–यामा' (Kaeru-Yama)

उसके साथ आनन्ददायी वार्ता के उपरान्त हम, सम्राट चुआई[1] की आत्मा के सम्मान में निर्मित, केई की मियोजिन देवस्थली के दर्शन करने गये। रात की ख़ामोशी ने देवस्थली का वातावरण शान्तिमय कर रखा था, और देवदार की गहरी सूच्याकार पत्तियों के बीच से छन-छन कर आती चन्द्रप्रभा वेदिका के सामने की बालुका राशि पर ऐसा अद्‌भुत दृश्य रच रही थी, माना समूचे प्रांगण पर, प्रत्यूषवेला में, तुषार ने अपना धवल आँचल फैला रखा हो। आतिथेय ने बताया कि सर्वप्रथम धर्माध्यक्ष युग्यो द्वितीय[2] ने यहाँ की घास काटी, बालुका और पाषाण खण्ड लाये और उपासकों की सुविधा के लिए देवस्थली के आसपास के दलदल सुखाए। उसके बाद ही यह परम्परा शुरू हुई कि उस महान् धर्माध्यक्ष के उत्तराधिकारी जब भी इस देवस्थली पर आते हैं तो एक मुट्ठी बालुका साथ लाकर यहाँ अर्पित करते हैं। उस कर्मकाण्ड को युग्यो का बालुका-वहन अनुष्ठान कहा जाता है।

धर्माध्यक्ष युग्यो लाये थे
जो बालुका, अद्‌भुत रूप से
प्रभासित था उस पर चन्द्रमा
दिव्य रूप से निर्मल।

आतिथेय ने जैसी आशंका व्यक्त की थी ठीक उसके अनुसार पूर्णिमा की रात वर्षा होने लगी।

उत्तरी प्रान्तरों का परिवर्तनशील आकाश,
देखने नहीं दिया मुझे उसने
शरद पूर्णिमा का पूर्ण चन्द्रमा।

अगले दिन प्रतिपदा को फिर मौसम पूर्ववत् नीरभ्र निर्मल हो गया। मुझे गुलाबी शंख-सीपियाँ चुनने थे, अतः मैं 'रंजित पुलिन'[3] की ओर प्रस्थान कर गया। सात मील की यह दूरी मैंने नाव से तय की। चूँकि हवा अनुकूल

---

१. चुआई का समय ज्ञात नहीं। वह जापान का चौहदवाँ सम्राट तथा सम्राज्ञी जिंगू का पति था।

२. युग्यो द्वितीय (१२३७-१३१९) ता शोनिन नाम से लोकप्रिय थे। वह 'जी' (Ji) सम्प्रदाय के संस्थापक इप्पेन शोलिन (१२३९-१२८९) के उत्तराधिकारी थे।

३. रंजित पुलिन (कलर्ड बीच) का जापानी नाम 'इरो-नो-हामा' है।

थी अतः न कुछ समय में मैं अपने अभीप्सित स्थान पर पहुँच गया। इस यात्रा में मेरा सहायक-मार्गदर्शक तेन्या[1] था। उसने अपने साथ परिचर, खाद्य और पेय वस्तुएँ तथा वह सब कुछ ले लिया था, उसकी समझ में, जिनकी आवश्यकता हमारे भ्रमण के दौरान हमें पड़ सकती थी। उस पुलिन पर मछुआरों की कई झोपड़ियाँ थीं और एक छोटा-सा देवालय। उस देवालय में बैठकर गर्म चाय और 'साके' (जापानी शराब) पीते हुए मैं सांध्यकालीन दृश्य की नीरवता से अभिभूत हो उठा।

सुमा पुलिन से भी बढ़कर नीरव,
सोचा मैंने—
समापन शरद का, सम्मुख मेरे
सागर की असीम जल राशि पर।

नन्हीं-नन्ही शुक्तियों में रली-मिली
दिखायी दीं मुझे छिदरी-बिखरी
पंखुड़ियाँ सिरपेंचा पुष्पों की
बहती हुई साथ-साथ ऊर्म्मियों के

तोसाई से मैंने कहा कि दिनभर में जो-जो घटित हुआ उसका एक संक्षिप्त विवरण तैयार करे और एक स्मरणिका स्वरूप वहाँ के देवालय में छोड़ दे।

त्सुरुगा वापस लौटने पर रोत्सु[2] से मुलाकात हुई और मिनो प्रान्त तक वह मेरे साथ रहा। जब हम घोड़े पर सवारी कर ओगाकी नगर में प्रविष्ट हुए तो, इसे प्रान्त से चलकर, सोरा पुनः हमारे साथ आ जुड़ा, इत्सुजिन[3] भी, घोड़े पर सवार तेज़-तेज़ चलता हुआ आ गया। हम सभी जोको[4] के

---

१. तेन्या गोरोइमोन (जीवनकाल अज्ञात) त्सुरुगा का एक पोतवणिक् (Shipper) था।

२. रोत्सु (१६५१(?)-१७३९) अपने सनकी स्वभाव के लिए प्रसिद्ध था। उसने एक पुरोहित के रूप में जीवन शुरू किया और भिक्षावृत्ति तक उतर आया। कई बार विषयासक्ति के लिए भी वह आलोचना का विषय बना।

३. इत्सुजिन (१६५६- ?) नगोपा निवासी एक रँगरेज़ था। सराशिमा की यात्रा में वह बाशो का सहयात्री था।

४. जोको के जीवनकाल की जानकारी नहीं है। वह ओगाकी में एक मामूली समुराई था। बाशो जब उसके वहाँ गये तब वह सेवामुक्त हो चुका था।

आवास पर पहुँचे, जहाँ ज़ेन्सेन[1], केइको[2], उसके पुत्रों तथा मेरे अनेक पुराने मित्रों से, जो दिन में या रात में मेरे आगमन का समाचार सुन कर आये, पुनर्मिलन हुआ। सभी मुझे देखकर प्रसन्नता से उच्छलित थे, मानो मैं सहसा मरणोपरान्त पुनः जीवित लौटा होऊँ। तथापि छह सितम्बर को मैंने इसे देवस्थली के लिए प्रस्थान कर दिया। यद्यपि लम्बी यात्रा की थकान अब भी थी, मैं वहाँ एक नयी देवस्थली की प्रतिष्ठा देखने को उत्सुक था। यात्रा के लिए निर्धारित नौका पर सवार होते हुए मैंने लिखा :

> जिस तरह दृढ़ता से जुड़े सीपियों के आवरण
> शरद के दिनों खुल-बिखर जाते हैं,
> उसी तरह फिर हमें पथ पर बढ़ना ही है,
> विदा मेरे मित्रो, विदा मेरे बन्धुओ!

---

१. ज़ेन्सेन के भी जीवनकाल की जानकारी नहीं है। वह ओगाकी में ऊँचे स्तर का समुराई था।

२. केइको (१६७५-१७३५) भी ओगाकी में एक समुराई था। उसके तीन बेटे थे— शिकिन, सेन्सेन और बुन्चो।

उत्तर-कथन

यात्रा सम्बन्धी इस छोटी-सी पुस्तक में नीलाकाश के नीचे अवस्थित प्रत्येक वस्तु निहित है—न केवल पुरातन और एकरस, बल्कि जीवन रस से भरपूर और रंगीन भी; न केवल शक्तिसम्पन्न और प्रभावशाली, बल्कि दुर्बल और क्षणभंगुर भी। गहन उत्तर के संकुल पथ के प्रत्येक मोड़ पर कभी हम अभिभूत होकर, किसी अनजान व्यक्ति की तरह खड़े हो जाते, कभी हृदय-तल से उभरती अनुभव होती तीव्र वेदना से जूझते हुये धड़ाम से नीचे आ गिरते। ऐसे भी अवसर आते जब पास पड़े बरसाती कोट को बग़ल में दबाते हुये हम अनुभव करते कि हम स्वयं ही स्वयं को पथ पर खींचे ले जा रहे हैं, और कभी अवसर, कि हमें लगता है कि पैरों से जड़ें फूटने तक हम बैठे ही रहें—आँखों के सामने के दृश्य निहारते ही रहें। इस छोटी-सी पुस्तक में वह सौन्दर्य, जिसकी तुलना उन मोतियों से की जा सकती है, जिनके बारे में कहा जाता है कि उनका निर्माण दूरवर्ती सागर की अश्रुसिक्त जलपरियाँ किंवा मत्स्यकन्याएँ करती हैं। सच ही; कैसी तो यह यात्रा है, जो इस पुस्तक में अभिलिखित है, और कैसा वह मानुष, जिसने इसे जिया और भोगा। खेदजनक बात

मात्र यह है कि इस पुस्तक का लेखक, जैसा महापुरुष वह है, विगत वर्षों में अपनी धूसर भौंहों के साथ अशक्त और बूढ़ा हो चला है।

—बाशो

रचनाकाल : १६९४ ई.

[इस पुस्तक के अन्तिम मसौदे की सुलेख प्रति, बाशो के अनुरोध पर, सोर्यू ने तैयार की। सोर्यू के जन्म और निधन वर्षों की जानकारी नहीं है। सामान्यतया माना जाता है कि वह इदो (आज के तोक्यो) का एक पुरोहित और विद्वान व्यक्ति था।]